IFO-INSTITUT FÜR WIRTSCHAFTSFORSCHUNG, MÜNCHEN
Afrika-Studienstelle

Entwicklungshilfe an Afrika

Ein statistisches Kompendium mit Karten, Schaubildern

und erläuterndem Text

Bearbeitet von

Fritz H. BETZ

WELTFORUM VERLAG · MÜNCHEN

GEFÖRDERT DURCH DIE HEINRICH HERMANN WERKE,
STUTTGART-WANGEN

Vorwort

Das erste Jahrzehnt einer weltweiten Entwicklungspolitik, die 1. Entwicklungsdekade der Vereinten Nationen, ist beendet. Mit dem Jahr 1970 hat die 2. Entwicklungsdekade begonnen, eingeleitet durch den der Weltbank vorgelegten Pearson-Bericht[1]. Wissenschaft und Politik finden in ihm eine Fülle von Anregungen, Ziele und Methoden der Entwicklungspolitik neu zu überdenken und zu überprüfen. Kritik und Zielsetzung dieses Gutachter-Gremiums, dem deutscherseits Dr. Wilfried Guth, Vorstandsmitglied der Deutschen Bank, angehörte, fanden weltweite Resonanz. Auf der Tagung des Ausschusses für Entwicklungshilfe bei der OECD Ende November 1969 in Paris bildete diese Studie die Diskussionsgrundlage. In der Bundesrepublik wurde dem Pearson-Bericht in der Regierungserklärung des Bundeskanzlers vom 28. Oktober 1969 grundsätzliche Bedeutung zuerkannt. Die Bundesregierung stimmte dem im Bericht genannten Wachstumsziel für die Entwicklungsländer von durchschnittlich 6% des Bruttosozialprodukts im Jahr zu; auch der Empfehlung, daß die Industrieländer 20% ihrer öffentlichen Mittel für Entwicklungshilfe über multilaterale Organisationen leiten sollten, wurde beigepflichtet. Ebenso fanden die Richtsätze für die von den Geberländern aufzubringenden Mittel die Zustimmung der deutschen Regierung. Der Bundesminister für wirtschaftliche Zusammenarbeit bezeichnete den Pearson-Bericht als Pflichtlektüre für alle, die sich mit Entwicklungspolitik beschäftigen.

Der Abschluß der ersten Phase internationaler Entwicklungspolitik, verbunden mit dem Versuch einer kritischen Bilanz und Neubesinnung, erschien uns als geeigneter Zeitpunkt für eine zahlenmäßige Darstellung der bisherigen Hilfsmaßnahmen für Afrika. Statistische Informationen zur Beurteilung von Umfang, Struktur und Ablauf der Entwicklungshilfe an Afrika sind in diesem kleinen Band zusammengetragen. Die beiden ersten Teile vermitteln einen Überblick über die Wirtschaftsentwicklung Afrikas und die Entwicklungshilfe an Afrika seit 1960. Viele dieser Informationen sind auch in den statistischen Veröffentlichungen internationaler Organisationen zu finden, aber nur wenigen Interessenten vollständig zugänglich; sie werden außerdem in der Regel nicht unter dem speziellen Blickpunkt Afrika zusammengefaßt und dargeboten.

---

[1] Der Pearson-Bericht. Bestandsaufnahme und Vorschläge zur Entwicklungspolitik. Verlag Fritz Molden, Wien–München–Zürich, 1969.

Im dritten Teil veröffentlichen wir — mit gewissen methodischen Vorbehalten — eigene Ermittlungen über öffentliche Entwicklungshilfe-Zusagen an Afrika in den Jahren 1968 und 1969. Die Beschränkung auf öffentliche Hilfe war nicht nur vom Quellenmaterial her geboten; sie erscheint auch vertretbar, da die private Entwicklungshilfe, wie sie zum Beispiel von der OECD erfaßt wird, in ihrem Charakter als echte Entwicklungshilfe durchaus umstritten ist. Sind doch staatlich garantierte Exportkredite ein klassisches Mittel der Exportförderung aus Zeiten, als Entwicklungshilfe noch unbekannt war; und private Kapitalinvestitionen brauchen ihrer Intention nach keineswegs Hilfscharakter zu tragen. Andererseits ist zu berücksichtigen, daß beide Maßnahmen die Wirtschaft des Empfängerlandes fördern können. — Unsere Ermittlungen über öffentliche Entwicklungshilfe-Zusagen haben den Vorzug der zeitlichen Nähe und geben Auskunft über die Verwendung der zugesagten Mittel — auch aus kommunistischen Ländern. Sie ermöglichen damit eine Vorschau auf die Entwicklungsintentionen des Kontinents und bringen in ihren Länderübersichten eine Fülle von Einzelinformationen.

Allerdings sollte man selbst bei beeindruckenden Zahlen nicht vergessen, daß Wachstum nicht ausschließlich das Ergebnis wirtschaftlicher und insbesondere finanzieller Faktoren und Maßnahmen ist, die sich in Zahlen niederschlagen. Gesellschaftliche und politische Tatbestände sprechen ein gewichtiges Wort mit, auch wenn sie sich häufig einer zahlenmäßigen Erfassung und Darstellung entziehen. Wenn das wirtschaftliche Ergebnis der ersten Entwicklungsdekade in vieler Hinsicht so unbefriedigend ist, daß Weltbankpräsident McNamara von einer »tiefen Enttäuschung« sprechen konnte, so steht dies sicher in engem Zusammenhang mit der nicht weniger enttäuschenden sozialen Bilanz, die man für die sechziger Jahre ziehen kann.

Die Bearbeitung dieses kleinen Kompendiums oblag Herrn Dr. FRITZ H. BETZ, der auch unser »Afrika-Vademecum« betreute. Die Mittel zur Durchführung unserer Untersuchungen und zur Veröffentlichung der Ergebnisse in der vorliegenden Form stellten dankenswerterweise die HEINRICH-HERMANN-WERKE, Stuttgart-Wangen, zur Verfügung. Wir hoffen, mit diesem kurzgefaßten »statistischen Führer« durch die Entwicklungshilfe an Afrika zu einem besseren Verständnis und kritischen Durchdenken jener Maßnahmen beizutragen, die man auch in der 2. Entwicklungsdekade zwischen Industrie- und Entwicklungsländern tagtäglich ergreifen und diskutieren wird. Zur Weiterführung dieser Arbeiten sind wir für Anregungen und Kritik aus dem Leserkreis besonders dankbar.

Dr. Wilhelm MARQUARDT

Inhalt

A. Grunddaten zur Wirtschaftsentwicklung Afrikas 11

  1. Das Wirtschaftswachstum Afrikas 1955–1968 im Vergleich mit anderen Wirtschaftsräumen 13
  2. Afrika im Vergleich mit anderen Entwicklungsgebieten in den 60er Jahren 14
  3. Das Bruttosozialprodukt der Entwicklungsländer Afrikas pro Kopf ihrer Bevölkerung 1967 16
  4. Zusammenfassende Grunddaten für Afrika 18

B. Entwicklungshilfe an Afrika seit 1960 21

  I. Entwicklungshilfe der OECD-Staaten 21

    5. Afrika im Rahmen der Entwicklungshilfe der OECD-Staaten 1960–1968 23
    6. Die Finanzierungsquellen der OECD-Leistungen an Afrika 1967 25
    7. Öffentliche und private bilaterale Entwicklungshilfe der OECD-Staaten an Afrika 1967 26
    8. Auslandsschuld und Schuldendienst der Entwicklungsländer Afrikas 1961–1968 27
    9. Öffentliche Entwicklungshilfe der OECD-Länder und der multilateralen Organisationen an afrikanische Staaten und Gebiete 1960–1968 29
  10. Die Bedeutung der öffentlichen Entwicklungshilfe der OECD-Länder und der multilateralen Organisationen für afrikanische Staaten (Jahresdurchschnitt 1966–1968) 31
  11. Finanzierungen der Weltbankgruppe in Afrika (Stand: 30. Juni 1969) 33
  12. Zuwendungen aus den Entwicklungsfonds der EWG an die assoziierten afrikanischen Staaten (Stand: Ende 1969) 35

  II. Entwicklungshilfe der Bundesrepublik Deutschland (BRD) . 37

  13. Afrika im Rahmen der Entwicklungshilfe der BRD 1961–1968 39
  14. Die bilaterale Entwicklungshilfe der BRD an Afrika 1961–1968 39

15. Bilaterale öffentliche Entwicklungshilfe der BRD an afrikanische Staaten 1966 und 1967 41
16. Afrika im Rahmen der Auslandsinvestitionen der privaten Wirtschaft der BRD Ende 1969 42
17. Die privaten Investitionen der BRD in den Entwicklungsländern Afrikas 1965–1969 44

III. Entwicklungshilfe der kommunistischen Staaten 45
18. Entwicklungshilfe der Ostblockstaaten und der Volksrepublik China an afrikanische Staaten 1954–1967 . . 47

C. Ermittlungen über öffentliche Entwicklungshilfe-Zusagen an Afrika 1968/69 49

I. Erläuterungen und Gesamtergebnisse 50
19. Zusagen für öffentliche Entwicklungshilfe 1968 und 1969 nach Gebergruppen 51
20. Zusagen für öffentliche Entwicklungshilfe 1968 und 1969 nach Empfängergruppen 53
21. Die wichtigsten Empfängerländer öffentlicher Entwicklungshilfe-Zusagen 1968 und 1969 53
22. Die wichtigsten Empfänger öffentlicher Entwicklungshilfe-Zusagen 1969 und die Herkunft der Mittel . . . 55
23. Öffentliche Entwicklungshilfe-Zusagen für Großprojekte 1969 57
24. Öffentliche Entwicklungshilfe-Zusagen für Großprojekte 1968 60

II. Länder- und Gebietsübersichten für 1969 61

Äthiopien	62	Mauretanien	83
Algerien	63	Mauritius	84
Angola	64	Mozambique	85
Botswana	65	Niger	86
Burundi	66	Nigeria	87
Dahomey	67	Obervolta	88
Elfenbeinküste	68	Ruanda	89
Gabun	69	Senegal	90
Gambia	70	Sierra Leone	91
Ghana	71	Somalia	92
Guinea	72	Sudan	93
Kamerun	73	Tanzania	94
Kenya	74	Togo	95
Kongo-Brazzaville	75	Tschad	96
Kongo-Kinshasa	76	Tunesien	97
Lesotho	77	Uganda	99
Liberia	78	Ver. Arab. Republik	100
Madagaskar	79	Zambia	101
Malawi	80	Zentralafr. Republik	102
Mali	81	Afrikanische Regionen	103
Marokko	82		

III. Zusammenfassende Übersicht nach Geber- und Empfängerländern für 1969 und 1968   105

Karten und Schaubilder

1. Flächenvergleich Afrika : USA, China, Vorderindien 2. Umschlagseite
2. Das Wirtschaftswachstum Afrikas im Vergleich mit anderen
   Wirtschaftsräumen   12
3. Bruttosozialprodukt pro Kopf der Bevölkerung afrikanischer
   Staaten 1967   19
4. Öffentliche Entwicklungshilfe der OECD-Staaten nach Regionen
   1968   26
5. Durch öffentliche Entwicklungshilfe-Zusagen geförderte »Großprojekte« 1968/69   121
6. Flächenvergleich Kongo-Kinshasa : Europa   . . .   3. Umschlagseite

**Übersicht über das Afrika-Forschungsprogramm des Ifo-Instituts
für Wirtschaftsforschung, München**   113

Zeichenerklärung

- = nichts
0 = weniger als die Hälfte der kleinsten Einheit, die in der Tabelle zur Darstellung gebracht werden kann
. = kein Nachweis
/ = nicht zutreffend.

Abkürzungen

a) Multilaterale Organisationen

EWG	Europäische Wirtschaftsgemeinschaft
EEF	Europäischer Entwicklungsfonds
EIB	Europäische Investitionsbank
IBRD	Internationale Bank für Wiederaufbau und Entwicklung (Weltbank)
IDA	Internationale Entwicklungs-Organisation
IFC	Internationale Finanz-Corporation

Weltbank-gruppe (IBRD, IDA, IFC)

OECD	Organisation für wirtschaftliche Entwicklung und Zusammenarbeit
UN	Vereinte Nationen
UNDP	Entwicklungsprogramm der Vereinten Nationen
UNESCO	Sonderorganisation der Vereinten Nationen für Erziehung, Wissenschaft und Kultur
FAO	Ernährungs- und Landwirtschaftsorganisation der Vereinten Nationen
ILO	Internationales Arbeitsamt
WFP	Welternährungsprogramm
WHO	Weltgesundheitsorganisation

b) Erläuterungen zu »Konditionen« in Teil C II (S. 62 ff.)

J	Laufzeit einer Anleihe in Jahren
Frj.	Freijahre
. . .%	Zinssatz
Verw.-Geb.	Verwaltungsgebühr

A. Grunddaten zur Wirtschaftsentwicklung Afrikas

Geringes Wirtschaftswachstum Afrikas in den 60er Jahren

In der zweiten Hälfte der 50er Jahre – also zu einer Zeit, als die meisten Gebiete Afrikas noch unter kolonialer Herrschaft standen – übertraf das Wirtschaftswachstum Afrikas das der Länder Südasiens und vor allem Südostasiens. Trotz absoluter Fortschritte wurde Afrika dann in den 60er Jahren von diesen asiatischen Gebieten überrundet. Im Zeitraum 1960/68 wies Afrika eindeutig das geringste Wirtschaftswachstum unter den großen Entwicklungsregionen auf. Allerdings übertrifft sein Bruttosozialprodukt pro Kopf der Bevölkerung das der südasiatischen Region immer noch um gut 40 Prozent.

Zugleich hat sich der Abstand zu den westeuropäischen Industrieländern, mit denen die Wirtschaft Afrikas besonders eng verknüpft ist, erweitert.

Wie in allen Entwicklungsgebieten wird ein großer Teil der wirtschaftlichen Fortschritte durch das starke Wachstum der Bevölkerung aufgezehrt.

Schaubild 2. **Das Wirtschaftswachstum Afrikas im Vergleich mit anderen Wirtschaftsräumen**

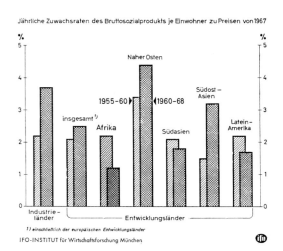

Jährliche Zuwachsraten des Bruttosozialprodukts je Einwohner zu Preisen von 1967

1) einschließlich der europäischen Entwicklungsländer

IFO-INSTITUT für Wirtschaftsforschung München

Tabelle 1. Das Wirtschaftswachstum Afrikas 1955–1968 im Vergleich mit anderen Wirtschaftsräumen

Regionen	Bruttosozialprodukt je Einwohner zu Preisen von 1967 in $			Durchschnittliche jährliche Zunahme in %	
	1955	1960	1968	1955–60	1960–68
Entwicklungsländer [1]	153	170	207	2,1	2,5
Afrika	**113**	**126**	**139**	**2,2**	**1,2**
Naher Osten	237	280	396	3,4	4,4
Südasien [2]	77	85	98	2,1	1,8
Südostasien	117	126	162	1,5	3,2
Lateinamerika	348	388	445	2,2	1,7
Europa [3]	366	411	612	2,3	5,1
Westliche Industrieländer	1717	1908	2559	2,2	3,7
Westeuropa [4]	1304	1556	2015	3,6	3,3
Sonstige Industrieländer [5]	2062	2191	2981	1,2	3,9

[1] Ohne Entwicklungsländer des Ostblocks.
[2] Indien, Pakistan, Ceylon, Burma.
[3] Spanien, Portugal, Griechenland, Türkei.
[4] Ohne die europäischen Entwicklungsländer.
[5] USA, Kanada, Australien, Neuseeland, Japan, Südafrika.

Quellen: AID, Gross National Product, RC-W-138, April 1969;
OECD: National Accounts of Less Developed Countries, 1950–66;
Development Assistance, 1969 Review.

Allgemeine Anmerkung: Die Angaben für die Entwicklungsländer beruhen – insbesondere bei den Regionen Afrika und Südostasien – auf vorläufigen Schätzungen.

Nach: Deutsches Institut für Wirtschaftsforschung, Wochenbericht 10/70.

Unbefriedigende Entwicklung in wichtigen Wirtschaftsbereichen Afrikas

Der Pearson-Bericht gibt Kriterien für die wirtschaftliche Lage der Entwicklungsländer, die den Standort Afrikas innerhalb der Dritten Welt erkennen lassen. Gemessen am Durchschnitt der Entwicklungsländer hat Afrika überdurchschnittliche Fortschritte vor allem auf dem Gebiet des Verkehrswesens erzielt, besonders beim Güterverkehr und in der Erzeugung elektrischer Energie, begünstigt durch die Wasserkräfte des Kontinents. Ebenso war Afrika um die Entwicklung des Bildungswesens in Volks- und Mittelschulen überdurchschnittlich bemüht.

Relativ schwache Fortschritte machte hingegen bisher die industrielle Erzeugung. Besorgniserregend ist die Lage der Landwirtschaft, die immer noch mit 40% zum Sozialprodukt Afrikas beiträgt. Die landwirtschaftliche Erzeugung der afrikanischen Entwicklungsländer hat in den 60er Jahren (1960–66) im Jahresdurchschnitt nur um 1,4% zugenommen.

Tabelle 2. **Afrika im Vergleich mit anderen Entwicklungsgebiete**

Gebiet	Durchschnittliche Jahreszuwachsraten in %				
	Brutto-Inlands-produkt	Bevölke-rung	Brutto-Inlands-produkt pro Kopf 1960–1967	Produktion der ver-arbeiten-den Industrie	Export-erlöse
Entwicklungsländer	5,0	2,5	2,5	7,3	6,1
Afrika	**4,0**	**2,4**	**1,6**	**6,0**	**5,4**
Südasien	4,1	2,4	1,7	6,9	1,5
Ostasien	5,6	2,7	2,8	7,5	5,4
Naher Osten	7,2	2,9	4,2	10,8	8,7
Lateinamerika	4,5	2,9	1,6	5,5	4,8
Südeuropa	7,1	1,4	5,6	10,1	11,7
Industrieländer	4,8	1,2	3,6	5,6	8,8
Afrika, bezogen auf den Durchschnitt der Entwicklungsländer (= 100)	80	96	64	82	90

Quelle: Pearson-Bericht, Deutsche Ausgabe, S. 49–68 und II/6.

Noch geringere Fortschritte weist nur Südasien auf. Hinter der durchschnittlichen Zuwachsrate der Landwirtschaft in allen Entwicklungsländern bleibt Afrika um ein Drittel zurück.

So ergibt sich für die gesamtwirtschaftliche Leistung Afrikas, sein Brutto-Inlandsprodukt, in den 60er Jahren (1960–67) ein jährlicher Zuwachs von 4% — der geringste aller Entwicklungsgebiete; er bleibt um ein Fünftel hinter dem Durchschnitt der Dritten Welt zurück. Berücksichtigt man den starken Bevölkerungszuwachs, so erreicht die Jahreszuwachsrate des Brutto-Inlandsprodukts pro Kopf der Bevölkerung nur 1,6% gegenüber einem Durchschnitt aller Entwicklungsländer von immerhin 2,5%. Die Zunahme des Brutto-Inlandsprodukts pro Kopf der Bevölkerung in Afrika liegt also um ein Drittel unter der aller Entwicklungsgebiete. Innerhalb des afrikanischen Kontinents ergeben sich allerdings erhebliche Unterschiede von Land zu Land, wie Tabelle 3 zeigt.

den 60er Jahren

		Durchschnittliche Jahreszuwachsraten in %				
Landwirt-schaftliche Produktion	Stahl-verbrauch 1950/52 bis	Erzeugung von elektr. Energie	Eisenbahnverkehr		Einschreibungen in Volks- und Mittel-schulen	
			Güter	Personen		
1960/66	1967		1948–1967		1950–1965	
2,1	8,1	10,5	4,4	2,9	6,8	9,0
1,4	2,1	11,5	4,7	4,4	7,8	9,4
0,6	8,0	12,4	5,4	2,8	7,0	7,5
3,2	9,9	12,8	7,7	5,6	4,8	11,7
4,1	11,3	18,3	10,9	4,2	8,5	13,4
2,9	7,1	8,6	2,4	2,5	5,4	9,6
3,7	0,7	11,1	3,0	3,8	3,0	8,1
1,8	4,5	7,7	1,1	1,8	1,8	6,0
67	25	110	107	145	115	107

Das wirtschaftliche Gefälle innerhalb des Kontinents

Während bisher die Südafrikanische Republik in Afrika mit Abstand das höchste Bruttosozialprodukt pro Kopf der Bevölkerung aufwies, wird sie neuerdings von Libyen erheblich übertroffen – eine Folge der sich dort stürmisch entfaltenden Erdölwirtschaft. Eine ähnliche Sonderstellung nehmen die kleinen französischen Gebiete Afar und Issa sowie die Insel Réunion ein. Dann rangiert Gabun dank seiner bedeutenden Exportholzwirtschaft und neuerdings infolge der Erschließung von Erdöl und Manganerz an nächster Stelle. Diese kleine Spitzengruppe der Entwicklungsländer in Afrika mit einem Bruttosozialprodukt pro Kopf der Bevölkerung zwischen 410 und 720 $ umfaßt lediglich eine Bevölkerung von 3 Millionen Menschen, die ihrerseits wiederum nur zu einem Teil an dieser Wertschöpfung beteiligt sind und davon profitieren. Immerhin hebt sich diese Gruppe damit deutlich von den übrigen Entwicklungsgebieten Afrikas ab, deren Bruttosozialprodukt pro Kopf lediglich zwischen 50 und 280 $ liegt.

Unter diesen in unserer Tabelle aufgeführten 50 Staaten und Gebieten lassen sich grob drei Gruppen unterscheiden:

12 Länder mit   36 Mill. Bevölkerung: 200–280 $ BSP pro Kopf
19 Länder mit 106 Mill. Bevölkerung: 100–190 $ BSP pro Kopf
19 Länder mit 164 Mill. Bevölkerung [1]:   unter 100 $ BSP pro Kopf

Die Karte auf S. 19 verdeutlicht dieses wirtschaftliche Gefälle innerhalb Afrikas.

---

[1] Darunter das volkreichste Land Afrikas, Nigeria, mit über 60 Mill. Einwohnern.

Tabelle 3. **Das Bruttosozialprodukt der Entwicklungsländer Afrikas** pro Kopf ihrer Bevölkerung 1967

Länder	Brutto-sozial-produkt pro Kopf in Dollar	Zuwachsraten BSP pro Kopf 1961–1967 in %	Bevölke-rung	Bevölke-rung Mitte 1967 in 1000
Libyen	720	21,4	3,7	1 738
Afar und Issa	580	7,4	1,5	83
Réunion	560	4,5	2,9	414
Gabun	410	3,5	0,8	473
Swaziland	280	15,4	2,9	385
Ceuta und Melilla	280	3,4	0,9	161
Sao Tomé und Principe	280	–0,3	–0,2	63
Algerien	250	–3,5	2,2	12 540
Guinea, spanisch (Äquatorial-)	240	4,7	1,8	277
Rhodesien	230	0,2	3,2	4 530
Elfenbeinküste	230	5,4	2,8	4 010
Mauritius	220	–2,0	2,6	774

Tabelle 3. Fortsetzung

Länder	Brutto-sozial-produkt pro Kopf in Dollar	Zuwachsraten BSP pro Kopf 1961–1967 in %	Bevölke-rung	Bevölke-rung Mitte 1967 in 1000
Tunesien	210	1,4	2,3	4 560
Guinea, portugiesisch	210	4,4	0,2	528
Spanische Sahara	210	3,9	2,3	48
Ghana	200	−0,1	2,7	8 139
Marokko	190	0,3	2,8	14 140
Angola	190	2,1	1,4	5 293
Senegal	190	−0,1	2,4	3 670
Liberia	190	1,5	1,7	1 110
Kongo-Brazzaville	190	1,7	1,5	860
Moçambique	180	3,3	1,2	7 124
Zambia	180	1,6	3,0	3 945
Vereinigte Arabische Republik	160	2,7	2,6	30 907
Ifni	150	3,2	1,4	54
Sierra Leone	140	1,3	1,3	2 439
Kamerun	130	0,6	2,2	5 470
Mauretanien	130	6,9	1,9	1 110
Kenya	120	1,1	2,9	9 928
Zentralafrikanische Republik	120	−1,0	2,5	1 459
Komoren	110	4,5	3,6	250
Kapverd. Inseln	110	−1,9	2,4	236
Uganda	100	1,2	2,5	7 934
Madagaskar	100	−0,5	2,4	6 350
Togo	100	0,5	2,6	1 724
Kongo-Kinshasa	90	−0,5	2,1	16 354
Sudan	90	0,2	2,9	14 355
Guinea, Republik	90	2,5	2,7	3 702
Botswana	90	0,7	3,0	593
Gambia	90	2,3	2,0	343
Nigeria	80	1,1	2,4	61 450
Tanzania	80	1,9	2,5	12 181
Mali	80	0,7	2,1	4 697
Dahomey	80	0,2	2,9	2 505
Niger	70	0,1	3,0	3 546
Tschad	70	−0,6	1,5	3 410
Äthiopien	60	2,7	1,9	23 667
Malawi	60	3,2	2,4	4 130
Rwanda	60	1,7	3,1	3 306
Lesotho	60	1,2	2,9	885
Seychellen	60	−0,6	2,2	49

Tabelle 3. Fortsetzung

Länder	Bruttosozialprodukt pro Kopf in Dollar	Zuwachsraten BSP pro Kopf 1961–1967 in %	Zuwachsraten Bevölkerung in %	Bevölkerung Mitte 1967 in 1000
Obervolta	50	–0,6	2,2	5 054
Burundi	50	–0,1	2,0	3 340
Somalia	50	–1,6	4,1	2 660
Zum Vergleich:				
Südafrikanische Republik	590	2,3	3,9	19 327
BR Deutschland	1 750	2,8	1,1	59 872

Quelle: Weltbank-Atlas 1969, S. 4.

Tabelle 4. **Zusammenfassende Grunddaten für Afrika** [1]

Vorgang	Entwicklungsländer insgesamt	Afrika [1] absolut	Afrika [1] in % der Entwicklungsländer
Bevölkerung Mitte 1967 in Mill.	1681	309	18
Bruttosozialprodukt pro Kopf zu Preisen von 1967			
a) 1968 in $	207	139	67
b) Durchschnittl. jährliches Wachstum in %			
1955–1960	2,1	2,2	105
1960–1968	2,5	1,2	48
Entwicklungshilfe der OECD-Staaten in Mrd. $			
a) Insgesamt 1967	11,3	2,4	21
b) Öffentliche Hilfe 1968	7,0	1,6	22

[1] ohne Südafrikanische Republik

Karte 3. **Bruttosozialprodukt pro Kopf der Bevölkerung afrikanischer Staaten 1967**

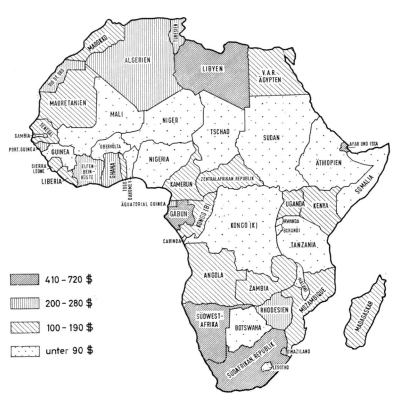

410 – 720 $

200 – 280 $

100 – 190 $

unter 90 $

IFO-INSTITUT für Wirtschaftsforschung München

B. Entwicklungshilfe an Afrika seit 1960

I. Entwicklungshilfe der OECD-Staaten

Ein Fünftel der OECD-Mittel an Afrika

Vom »Afrikajahr« 1960 an bis Ende 1968 erhielt Afrika nahezu 21 Mrd. $ Entwicklungshilfe aus den in der OECD vereinigten Industriestaaten der freien Welt, jährlich also rund 2,3 Mrd. $. Hiervon wurden durchschnittlich 70% als öffentliche Hilfe gegeben.

Der Anteil Afrikas an den Leistungen der OECD-Länder für alle Entwicklungsgebiete betrug in der ersten Hälfte des Dezenniums noch 28%; er minderte sich in den Jahren 1966 und 1967 auf 20 bis 21%. Immerhin war auch das noch mehr, als Afrika entsprechend dem Anteil seiner Bevölkerung an der Gesamtheit der Entwicklungsländer (18%) hätte zufließen müssen.

Angesichts der starken Bevölkerungszunahme in Afrika verringerte sich bei annähernd gleichen Entwicklungshilfe-Leistungen allerdings die Pro-Kopf-Leistung.

Tabelle 5. **Afrika im Rahmen der Entwicklungshilfe der OECD-Staaten 1960–1968**

Art der Hilfe / Gebiet	1960/65 Jahres-durchschnitt	1966	1967	1968
	Nettoleistungen [1] in Mill. $			
I. Öffentliche Hilfe (bilateral und multilateral)				
Entwicklungsländer insges.	5 970	6 861	7 267	7 080
dar. Afrika	1 680	1 591	1 601	1 562 [2]
II. Private Hilfe				
Entwicklungsländer insges.	2 350	4 020	4 035	.
dar. Afrika [3]	650	602	785	.
III. Öffentliche und private Hilfe				
Entwicklungsländer insges.	8 320	10 881	11 302	.
dar. Afrika	2 330	2 193	2 386	.
Anteil Afrikas an der Hilfe für alle Entwicklungsländer	in %			
Öffentliche Hilfe	28	23	22	22 [2]
Private Hilfe	28	15	19	.
Öffentliche und private Hilfe	28	20	21	.
Entwicklungshilfe pro Kopf der Bevölkerung Afrikas	in $			
	8,2	.	7,7	.

[1] Ohne Amortisationen.
[2] Zum Vergleich: Asien   mit 3284 Mill. $: 46%
                Lateinamerika mit 1251 Mill. $: 18%
                Südeuropa   mit 385 Mill. $: 5%
                Ozeanien   mit 187 Mill. $: 3%
                Nicht aufgegliedert   412 Mill. $: 6%
[3] Schätzung.

Quellen: Für 1960/65: L'Observation de l'OECD, Februar 1967, S. 27 ff.
         Für öffentliche Hilfe 1966–1968: OECD, 1969 Review, S. 170 f.
         Für private Hilfe 1966 und 1967: OECD, Geographical Distribution of Financial Flows to Less Developed Countries 1966–1967, S. 88 f.

Öffentliche Hilfe dominiert – Frankreich führend

Auch im Jahre 1967 belief sich die öffentliche Hilfe der OECD-Staaten an Afrika auf reichlich das Doppelte der privaten. Im Rahmen der öffentlichen Hilfe überwogen mit 87% die bilateralen Leistungen gegenüber den multilateralen. Die bilateralen öffentlichen und privaten Leistungen allein umfaßten reichlich 90% der Gesamtleistung.

Diese bilateralen Leistungen – öffentliche und private – in Höhe von 2,2 Mrd. $ wurden zu zwei Dritteln von Frankreich, den USA und Großbritannien als wichtigsten Geberländern aufgebracht. Frankreich setzte 56% und Großbritannien immerhin 29% seiner gesamten Entwicklungshilfemittel zugunsten Afrikas ein; dagegen belief sich der Afrika-Anteil bei den USA nur auf 11%.

Frankreich und Großbritannien lassen ihre Entwicklungshilfe jenen Gebieten zukommen, denen sie traditionell verbunden sind. So geht die öffentliche bilaterale Hilfe Frankreichs zu drei Vierteln in die Länder der Frankenzone südlich der Sahara und zu einem Viertel in die alten Interessengebiete Frankreichs in Nordafrika. Die öffentliche bilaterale Afrika-Hilfe Großbritanniens konzentriert sich zu 90% auf die Mitgliedstaaten des Commonwealth. Ebenso liegen die Verhältnisse bei Portugal, dessen öffentliche bilaterale Afrika-Hilfe ganz seinen afrikanischen Übersee-Provinzen zugute kommt, und bei Belgien, das seine öffentliche bilaterale Afrika-Hilfe vollständig zugunsten seiner einstigen Kolonien, also vor allem des Kongo-Kinshasa, einsetzt. Regional ausgleichend wirkt somit vor allem die weitgestreute öffentliche Entwicklungshilfe der USA und die der Bundesrepublik Deutschland.

Ihrer Zweckbestimmung entsprechend konzentriert sich auch die EWG-Hilfe auf ganz bestimmte Staaten in Afrika. Dagegen gewähren die Weltbankgruppe und die Vereinten Nationen ihre Hilfe vor allem jenen afrikanischen Staaten, die nicht der EWG assoziiert sind.

International vergleichbare Angaben über die private Entwicklungshilfe werden von der OECD nur für die Kontinente veröffentlicht, nicht aber für die einzelnen Empfängerländer. Allerdings dürften die geographischen Schwerpunkte der privaten Entwicklungshilfe nicht wesentlich von denen der öffentlichen Hilfe abweichen. Auch der private Kapitalgeber bevorzugt ihm vertraute Gebiete, so daß vor allem französisches und britisches Kapital vorzugsweise in den traditionellen Interessengebieten Frankreichs und Großbritanniens Anlage suchen wird. Ob diesen privaten Transaktionen echter Hilfscharakter beizumessen ist, bleibt allerdings problematisch (vgl. unser Vorwort).

Tabelle 6. **Die Finanzierungsquellen der OECD-Leistungen an Afrika 1967**

Geber	Empfänger Entwicklungs- länder insgesamt	Afrika	Anteil Afrikas an der Gesamt- leistung der Geber
	Nettoleistungen in Mill. $		in %
I. Öffentliche Hilfe			
a) Bilateral	6 227,3	1 395,2	22
darunter:			
Frankreich	787,2	514,6	65
USA	3 413,0	329,0	10
Großbritannien	444,8	176,5	40
BR Deutschland	480,4	106,0	22
Italien	169,1	98,0	58
Belgien	74,4	65,8	88
Portugal	46,4	46,4	100
b) Multilateral	1 055,2	205,8	19
darunter:			
EWG	143,9	97,4	68
Weltbankgruppe	619,1	78,1	13
UN	245,8	68,3	27
Afrikan. Entw.-Bank [1]	−38,0	−38,0	/
Öffentliche Hilfe (a + b)	7 282,5 [2]	1 601,0	22
II. Private Hilfe			
a) Direktinvestitionen [3]	2 981,0	518,6	17
darunter:			
USA	1 524,8	216,5	14
Frankreich	385,2	179,6	47
Portugal	31,8	31,8	100
Großbritannien	237,1	(30,0)	13
Japan	126,3	23,9	11
Italien	78,0	18,6	24
BR Deutschland	308,4	17,0	6
b) Exportkredite	1 052,6	266,8	25
darunter:			
Japan	338,6	176,8 [4]	52
Frankreich	144,5	43,5	30
Schweiz	46,4	16,7	36
Großbritannien	113,4	16,5	15
Italien	4,1	14,4	/
BR Deutschland	290,5	1,3 [5]	0
USA	61,7	−3,5	/
Private Hilfe (a + b)	4 034,4	785,4	20
Gesamte Entwicklungshilfe (I + II)	11 316,9	2 386,3	21

[1] Die Einzahlungen bei der Bank überschritten deren Anleihebegebungen.
[2] Geringfügige Abweichung gegenüber der vorausgehenden Tabelle 5 mit 7267 Mill. $.
[3] Schätzung.
[4] Vorjahr 2,5 Mill. $.
[5] Vorjahr 26,1 Mill. $.

Quelle: OECD, Geographical Distribution of Financial Flows to Less Developed Countries 1966–1967, Paris 1969.

25

Tabelle 7. **Öffentliche und private bilaterale Entwicklungshilfe der OECD-Staaten an Afrika 1967**

Geberländer	Öffentliche Hilfe	Private Hilfe Direkt-investitio-nen [1] Mill. $	Export-kredite	Zusammen	Anteil der Geber-länder %
Frankreich	515	180	44	739 [2]	33
USA	329	217	−4	542	25
Großbritannien	177	(30)	17	224	10
Japan	−	24	177	201	9
Italien	98	19	14	131	6
BR Deutschland	106	17	1	124 [2]	6
Portugal	46	32	.	78	4
Belgien	66	.	.	66	3
Sonstige	58	−	18	76	4
Insgesamt	1395	519	267	2181	100

[1] Schätzung.
[2] Einschl. je eines Drittels der EWG-Leistungen erhöht sich der Betrag für Frankreich auf 772 Mill. $, für die BRD auf 157 Mill. $.
Quelle: OECD, Geographical Distribution of Financial Flows to Less Developed Countries 1966–1967, Paris 1969.

Schaubild 4. **Öffentliche Entwicklungshilfe der OECD-Staaten nach Regionen 1968**

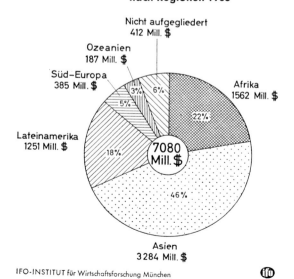

Nicht aufgegliedert
412 Mill. $

Ozeanien
187 Mill. $

Süd–Europa
385 Mill. $

Afrika
1562 Mill. $

Lateinamerika
1251 Mill. $

7080 Mill. $

3%   6%
5%
22%
18%
46%

Asien
3284 Mill. $

IFO-INSTITUT für Wirtschaftsforschung München

Wachsender Schuldendienst gefährdet Entwicklungseffekt

Die öffentliche Auslandsschuld Afrikas hat sich in den Jahren 1961–68 mehr als verdoppelt. Dementsprechend ist auch der Schuldendienst zur Amortisation und Zinszahlung mehr und mehr angewachsen; in den Jahren 1962–68 hat er nahezu 80⁰/o des Zustroms an öffentlichen Auslandskrediten aufgezehrt.

Sollte die Auslandsverschuldung weiter im bisherigen Ausmaß zunehmen, so errechnet der Pearson-Bericht[1], daß der Schuldendienst Afrikas in zehn Jahren das Volumen der neuen Kreditnahme um 20⁰/o übersteigen wird. Daher gewinnen nichtrückzahlbare Zuschüsse und »weiche« Kreditkonditionen erhöhte Bedeutung für die Entwicklung Afrikas auch im Hinblick auf die Zahlungsbilanzsituation.

Tabelle 8. **Auslandsschuld und Schuldendienst der Entwicklungsländer Afrikas 1961–1968**

Jahr	Ausstehende öffentliche Schulden	Jährlicher Zuwachs	Schuldendienstzahlungen	Schuldendienstzahlungen in ⁰/o des Zuwachses der Schulden[1]
		in Mill. $		
1961	3309	.	172	.
1962	4042	733	225	31
1963	4971	929	494	53
1964	5517	546	433	79
1965	6618	1101	445	40
1966	7379	761	463	60
1967	8038	659	535	81
1968	7952	−86	443	/

[1] Für die Jahre 1962–1968 beliefen sich die Schuldendienstzahlungen auf 78⁰/o des Schuldenzuwachses.

Quelle: Weltbank, Jahresbericht 1969, S. 54.

[1] S. 98 ff.

Größere Streuung der OECD-Mittel im Laufe der 60er Jahre

Während zu Anfang der 60er Jahre (1960–64) ein Drittel der öffentlichen Entwicklungshilfe der westlichen Welt für Afrika allein zwei Ländern, nämlich Algerien und der Vereinigten Arabischen Republik, zufloß, zeigt die Mittelverteilung neuerdings eine größere Streuung. In den Jahren 1965–68 waren es bereits fünf Länder, nämlich Algerien, der Kongo-Kinshasa, Nigeria, Marokko und die französischen Übersee-Departments und -Territorien, denen ein Drittel der für Afrika bestimmten öffentlichen Entwicklungshilfe zukam.

Der derzeitigen Spitzengruppe der Empfängerländer gehören an:

| Empfängerländer | Jahresdurchschnitt | |
| | 1965/68 | 1960/64 |
	Mill. $	
Algerien	114	350
Kongo-Kinshasa	102	103
Nigeria	98	35
Marokko	97	110
Franz. Übersee-Departments und -Territorien	90	42
Tunesien	86	84
Ghana	69	14
Vereinigte Arabische Republik	63	194
Zusammen	719	932
Anteil an gesamter öffentlicher Entwicklungshilfe für Afrika	45%	56%

Danach haben im Verlauf der 60er Jahre Kongo-Kinshasa, Marokko und Tunesien jährlich nahezu konstante Beträge erhalten. Die französischen Überseegebiete erhielten jedoch in der zweiten Hälfte der 60er Jahre doppelt soviel wie in den Anfangsjahren, Nigeria das Zweieinhalb-fache, Ghana sogar das Fünffache. Diese Länder rückten damit erst in die Spitzengruppe ein. Andererseits minderte sich die Entwicklungshilfe für Algerien auf zwei Drittel, die für die VAR auf ein Drittel. Die VAR erhält bekanntlich zusätzlich erhebliche Entwicklungsmittel aus der Sowjetunion (vgl. Abschnitt III).

Auf Nordafrika (ohne Libyen) entfielen anfangs der 60er Jahre 44%, derzeit 22% der gesamten öffentlichen Entwicklungshilfe der OECD-Länder für Afrika. Der Anteil Nordafrikas wurde also im Laufe der Jahre halbiert.

Für die übrigen Entwicklungsländer standen mit 55% 1965–68 relativ (und absolut) mehr Mittel zur Verfügung als in der Vorperiode (44%).

Tabelle 9. **Öffentliche Entwicklungshilfe der OECD-Länder und der multilateralen Organisationen an afrikanische Staaten und Gebiete 1960–1968**

Empfänger (Rangordnung entsprechend Durchschnitt 1965/68)	Durchschnitt 1960/64	Beträge [1] in Mill. $				Durchschnitt 1965/68
		1965	1966	1967	1968	
Algerien	350	140	117	103	96	114
Kongo-Kinshasa	103	149	90	96	72	102
Nigeria	35	95	93	108	95	98
Marokko	110	114	93	70	109	97
Franz. Übersee-Departements und -Territorien	42	63	88	107	101	90
Tunesien	84	92	70	105	76	86
Ghana	14	60	81	67	67	69
Vereinigte Arabische Republik	194	119	66	27	40	63
Kenya	49	71	66	51	57	61
Senegal	.	48	44	49	46	47
Madagaskar	.	51	42	43	43	45
Elfenbeinküste	.	39	44	35	39	39
Kamerun	.	32	40	38	40	37
Tanzania	36	38	39	36	33	36
Zambia	.	10	32	67	36	36
Äthiopien	24	27	41	29	46	36
Liberia	33	36	48	39	18	35
Portugiesische Überseeprovinzen	45	23	24	46	39	33
Malawi	15	34	31	30	25	30
Sudan	25	30	17	19	28	23
Uganda	24	22	25	21	20	22
Kongo-Brazzaville	.	16	18	20	33	22
Niger	.	19	23	21	24	22
Mali	.	22	21	19	18	20
Tschad	.	18	19	21	21	20
Obervolta	.	18	17	20	23	19
Zentralafrikanische Republik	.	16	16	20	20	18
Dahomey	.	18	15	20	18	18
Gabun	.	16	17	13	9	14
Togo	.	13	12	13	10	12
Mauretanien	.	9	4	8	11	8
Libyen	30	6	2	2	3	3
Afrika [2]	1668 [3]	1701	1591	1601	1562	1614
in % der Hilfe an alle Entwicklungsländer	28	26	23	22	22	23

[1] Abzüglich Tilgungszahlungen.
[2] Einschließlich nicht aufgeteilter Beträge.
[3] Davon 374 Mill. $ für die Länder der Frankenzone insgesamt.
Quelle: OECD, 1969 Review, S. 170 f. und Afrika-Vademecum, München 1968 (Weltforum Verlag).

29

Welche Bedeutung hat die öffentliche Entwicklungshilfe für die Empfängerstaaten?

Die Bedeutung der Entwicklungshilfe für die einzelnen Länder kann auf Grund der ihnen zufließenden absoluten Beträge allein nicht erkannt werden. Einen, wenn auch groben Anhaltspunkt hierfür bieten die Kriterien der Tabelle 10. Die dort in Spalte 1 verzeichneten Beträge berücksichtigen die Bevölkerungszahl der Empfängerländer. Dieses weitgehend gebräuchliche Kriterium liegt der Rangfolge der in der Tabelle aufgeführten Länder zugrunde. Die Pro-Kopf-Beträge ließen ein schlüssiges Urteil über die Bedeutung der Entwicklungshilfe zu, wenn die Wirtschaft der einzelnen Länder einigermaßen gleichartig strukturiert und entwickelt wäre, was auf Afrika mit seinem starken Wirtschaftsgefälle keineswegs zutrifft (vgl. Tabelle 3).

Ein weiteres Kriterium, das Verhältnis zwischen Entwicklungshilfe und Brutto-Inlandsprodukt, erläutert, welchen Beitrag die Entwicklungshilfe zur gesamtwirtschaftlichen Wertschöpfung der Empfängerländer leistet. So läßt sich anhand dieser beiden Kriterien feststellen, daß zum Beispiel für Liberia und Kongo-Kinshasa der Entwicklungshilfe recht ähnliche Bedeutung zukommt: Beide Länder erhielten pro Kopf ihrer Bevölkerung rund 30 $ während der letzten Jahre und damit einen Beitrag von je 15 bis 16⁰/o zu ihrer jährlichen Wirtschaftsleistung.

Im Hinblick auf die Zahlungsbilanzschwierigkeiten vieler Entwicklungsländer gewinnen die Entwicklungshilfeleistungen auch Bedeutung als spezifische Importhilfe. Hier profitieren vor allem die exportschwachen Länder; die ihnen zufließenden Entwicklungshilfemittel erreichen ein Drittel bis zwei Drittel des Wertes ihrer Importe, so in Rwanda, Mali, Obervolta, Niger, Tschad, Dahomey und Somalia.

Alle diese Kriterien können nicht mehr als Anhaltspunkte zur Beurteilung der Bedeutung der Entwicklungshilfe für die einzelnen Empfängerländer bieten. Ein zuverlässigeres Urteil ermöglichen erst umfassende Einzelstudien von Land zu Land.

Tabelle 10. **Die Bedeutung der öffentlichen Entwicklungshilfe der OECD-Länder und der multilateralen Organisationen für afrikanische Staaten, Jahresdurchschnitt 1966–1968**

Empfängerland	pro Kopf [1]		Entwicklungshilfe in % des BIP [2]		in % der Importe [3]	
	$	Rang	%	Rang	%	Rang
Liberia	31,6	1	15,0	2	27,8	14
Kongo-Brazzaville	27,7	2	16,4	1	29,2	12
Gabun	26,9	3	5,5	16	19,0	22
Tunesien	18,3	4	8,2	7	32,1	9
Senegal	12,6	5	5,6	13	29,1	13
Zambia	11,4	6	4,0	22	7,7	30
Elfenbeinküste	9,8	7	3,8	23	9,9	29
Ghana	8,8	8	2,8	28	22,4	17
Algerien	8,4	9	4,2	21	16,5	23
Mauritius	7,5	10	3,0	27	7,7	31
Kamerun	7,2	11	5,4	18	22,1	18
Dahomey	7,1	12	9,0	6	39,9	6
Mauretanien	7,1	13	5,5	17	34,5	8
Somalia	7,1	14	14,2	3	34,9	7
Malawi	7,0	15	11,0	4	29,4	11
Madagaskar	6,8	16	5,9	12	29,6	10
Togo	6,7	17	6,3	11	24,0	16
Marokko	6,4	18	3,4	24	14,6	25
Niger	6,4	19	8,0	8	50,7	4
Tschad	5,9	20	7,6	10	50,2	5
Kenya	5,8	21	5,0	19	15,2	24
Kongo-Kinshasa	5,3	22	5,6	14	25,5	15
Sierra Leone	4,1	23	2,7	29	11,1	28
Mali	4,0	24	5,6	15	53,2	2
Obervolta	4,0	25	7,9	9	53,2	3
Rwanda	4,0	26	10,0	5	67,9	1
Tanzania	2,9	27	4,3	20	19,7	20
Uganda	2,8	28	3,2	26	19,0	21
Guinea	2,8	29	3,5	25	13,8	26
Nigeria	2,3	30	2,0	31	11,8	27
Äthiopien	1,6	31	2,5	30	21,2	19
Sudan	1,5	32	1,5	32	7,3	32
Ver. Arab. Republik	1,4	33	0,7	33	5,1	33
Libyen	1,3	34	0,2	34	0,5	34

[1] Bevölkerung 1967.
[2] Bruttoinlandsprodukt 1966.
[3] Importe von Gütern und Dienstleistungen 1967.
Quelle: OECD, 1969 Review, S. 168 f.

Ausbau der Infrastruktur durch die Weltbankgruppe

Die Finanzierungen durch die Weltbankgruppe haben allein im Zeitraum März 1967 (1,6 Mrd. $) bis Juni 1969 (2,1 Mrd. $) um reichlich 30%/o zugenommen, die konditionsgünstigen, zinsfreien IDA-Kredite[1] um nicht weniger als 65%/o, und die Finanzierung afrikanischer privater Industrieunternehmen durch die IFC hat sich sogar beinahe verdoppelt.

Am Finanzierungsvolumen der Weltbankgruppe von 2,1 Mrd. $ am 30. Juni 1969 partizipierten sechs Entwicklungsländer allein mit einem Drittel dieses Betrages, nämlich Nigeria mit 11%/o, der Sudan und Äthiopien mit je 6%/o, Kenya und Zambia mit je 5%/o. Dieser Spitzengruppe ist auch die Südafrikanische Republik mit Weltbankanleihen aus den 50er Jahren in Höhe von 242 Mill. $ zuzurechnen (11%/o des gesamten Finanzvolumens). Zwei Drittel aller Finanzierungen durch die Weltbankgruppe kamen weiteren 29 afrikanischen Entwicklungsländern zugute.

Die von der Weltbankgruppe begebenen Anleihen und Kredite dienten bisher vor allem dem Ausbau des Verkehrswesens und der Stromerzeugung (73%/o der Weltbank-Anleihen sowie 60%/o der IDA-Kredite). Sie stärken damit wesentlich die Infrastruktur des Kontinents.

---

[1] Es wird lediglich eine Verwaltungsgebühr von 3/4%/o erhoben.

Tabelle 11. **Finanzierungen der Weltbankgruppe in Afrika**
Stand: 30. Juni 1969 — Mill. $

Länder	Anleihen der Weltbank (IBRD)	Kredite der International Development Association (IDA)	Finanzierung durch International Finance Corp. (IFC) [1]	Zusammen
Nigeria	206,0	35,5	3,0	244,5
Südafrikanische Republik	241,8	—	—	241,8
Sudan	134,0	21,5	0,7	156,2
Äthiopien	97,8	28,4	13,4	139,6
Kenya	84,5	42,6	3,1	130,2
Zambia	120,8	—	—	120,8
Tunesien	66,8	23,9	4,1	94,8
Mauretanien	66,0	6,7	20,0	92,7
Kongo-Kinshasa	91,6	—	—	91,6
Marokko	74,7	11,0	2,9	88,6
Rhodesien	87,0	—	—	87,0
Algerien	80,5	—	—	80,5
Guinea	64,5	—	—	64,5
Ghana	53,0	10,0	—	63,0
Tanzania	12,2	40,9	4,7	57,8
Ver. Arabische Republik	56,5	—	—	56,5
Gabun	54,8	—	—	54,8
Uganda	8,4	21,4	3,5	33,3
Kamerun	19,9	11,6	—	31,5
Elfenbeinküste	30,0	—	0,2	30,2
Kongo-Brazzaville	30,0	—	—	30,0
Malawi	—	27,5	—	27,5
Senegal	7,5	15,0	3,5	26,0
Madagaskar	11,1	14,5	—	25,6
Swaziland	7,0	2,8	—	9,8
Mali	—	9,1	—	9,1
Somalia	—	8,5	—	8,5
Liberia	7,9	—	0,3	8,2
Sierra Leone	7,7	—	—	7,7
Niger	—	7,6	—	7,6
Mauritius	7,0	—	—	7,0
Burundi	4,8	1,1	—	5,9
Lesotho	—	4,1	—	4,1
Botswana	—	3,6	—	3,6
Obervolta	—	0,8	—	0,8
Summe	1733,8 [2, 3]	348,1 [2, 4]	59,4 [5]	2141,3
Anteil der Finanzierungsinstitute in %	82	16	2	100

[1] Stand 20. Juni 1968.

[2] Hiervon für	Weltbank	IDA	IFC
Verkehrswesen	44%	57%	—
Stromversorgung	29%	3%	—
Industrie	13%	—	100%
Landwirtschaft	8%	22%	—
Sonstiges	6%	18%	—

[3] = 14% aller Anleihen der Weltbank.
[4] = 16% aller Kredite der IDA.
[5] = 21% aller Finanzierungen der IFC.

Quelle: Handbuch der Entwicklungshilfe, III A 10, 21 und 40.

Bevorzugte Förderung der Landwirtschaft durch die EWG

Die Entwicklungshilfe, die die EWG als solche neben den bilateralen Leistungen ihrer Mitgliedstaaten über die europäischen Entwicklungsfonds (EEF) Afrika zuwendet, übertraf 1967, dem letzten Jahr, für das spezifizierte Aufgliederungen vorliegen, die multilateralen Finanzierungsquellen der Weltbankgruppe wie auch der UN (vgl. Tabelle 6).

Die von der EWG hierfür eingesetzten Mittel kommen vor allem den 18 afrikanischen Staaten zugute, die der EWG im Abkommen von Yaoundé assoziiert sind. Diese Staaten erhielten drei Viertel der Mittel des 1. Fonds (1958–1963), aus dem zusätzlich auch Algerien 25 Mill. $ zuflossen, und 90% der Mittel des 2. Fonds (1964–1969). Von letzterem harren allerdings noch etwa 400 Mill. $ bereits bewilligter Mittel der Auszahlung. Der Betrag, der den assoziierten Staaten aus beiden Fonds zufließt, bezifferte sich Ende 1969 auf rund 1 Mrd. $. In den nächsten Jahren wird den assoziierten Staaten aus dem 3. Fonds (ab 1970) wiederum der Großteil der auf 900 Mill. $ aufgestockten Fondsmittel zugeleitet werden.

Die Zuwendungen an die einzelnen Länder zeigt Tabelle 12. Nach der Höhe der bewilligten Beträge ist nach wie vor Madagaskar führend. Pro Kopf seiner Bevölkerung steht Gabun mit 74 $ einsam an der Spitze, denn im Durchschnitt aller Empfängerstaaten entfielen nur knapp 16 $ auf den Kopf der Bevölkerung. Erheblich höhere Mittel flossen im 2. Fonds vor allem den ehemals belgisch verwalteten Gebieten zu: Kongo-Kinshasa, Rwanda und Burundi.

Die bisherigen Bewilligungen beider Fonds dienten folgenden Zwecken:

	1. Fonds	2. Fonds
	Anteile in %	
Modernisierung der Landwirtschaft	24	45
Infrastruktur (Verkehr)	44	35
Ausbildung	20	10
Gesundheitswesen	9	4
Energiewirtschaft	1	4
Sonstiges	2	2
	100	100

Die Schwerpunkte dieser Bewilligungen lagen der Struktur der Empfängerländer entsprechend eindeutig bei der Förderung der Landwirtschaft und des Verkehrswesens, wobei durch den 2. Fonds die Modernisierung der Landwirtschaft noch stärker berücksichtigt wurde als durch den 1. Fonds.

Tabelle 12. **Zuwendungen aus den Entwicklungsfonds der EWG an die assoziierten afrikanischen Staaten**
nach dem Stand Ende 1969

Empfängerstaaten	1. Fonds Be-willi-gungen	1. Fonds Aus-zah-lungen	2. Fonds Be-willi-gungen	2. Fonds Aus-zah-lungen	Bewilligungen des 1. und 2. Fonds Betrag	Bewilligungen des 1. und 2. Fonds Anteil in %	Bewilligungen des 1. und 2. Fonds Pro Kopf $
	in Mill. $						
Madagaskar	53,5	54,6	70,6	26,6	124,1	11,8	19,5
Senegal	41,3	33,7	68,4	34,2	109,7	9,2	17,7
Kamerun	44,8	47,3	52,0	14,6	96,8	10,4	29,9
Elfenbeinküste	37,2	34,3	55,5	31,1	92,7	8,8	23,1
Kongo-Kinshasa	18,6	14,7	71,3	11,1	89,9	8,5	5,5
Mali	31,4	41,1	32,6	10,1	64,0	6,1	13,6
Tschad	28,8	27,2	34,8	21,0	63,6	6,0	18,7
Niger	29,2	27,3	29,4	6,9	58,6	5,6	16,5
Obervolta	28,8	26,5	28,5	9,8	56,8	5,4	11,2
Dahomey	20,4	17,9	21,8	9,3	42,2	4,0	16,8
Zentralafrikanische Rep.	15,8	14,2	25,3	9,6	41,1	3,9	28,2
Kongo-Brazzaville	18,8	22,5	19,8	5,6	38,6	3,7	44,9
Gabun	15,1	15,9	20,1	6,0	35,2	3,3	74,4
Somalia	8,5	9,2	25,7	8,5	34,2	3,2	12,9
Togo	14,0	14,7	18,3	4,5	32,3	3,0	18,7
Mauretanien	12,5	15,0	17,8	10,2	30,3	2,8	27,3
Burundi	4,4	4,4	18,4	4,2	22,8	2,2	6,8
Rwanda	4,4	4,7	17,0	5,5	21,8	2,1	6,6
Insgesamt	427,4	425,2	627,3	228,8	1054,7	100,0	15,7
Restbeträge	2,3		398,5		400,8		/

Quelle: Europäische Wirtschaftsgemeinschaft, Fonds Européen de Développement, 1er FED und 2ème FED, 31. Dezember 1969.

II. Entwicklungshilfe der Bundesrepublik Deutschland (BRD)

Verstärkte öffentliche Hilfe der BRD

Die afrikanischen Entwicklungsländer erhielten in den Jahren 1961—68
mit 4 Mrd. DM nahezu ein Fünftel der gesamten bilateralen Entwicklungshilfe der BRD. Dies entspricht ungefähr dem Anteil Afrikas an der
Gesamtbevölkerung der Entwicklungsgebiete. Über die multilateralen
Organisationen dürften Afrika weitere Mittel in Höhe von schätzungs-
weise 1,5 Mrd. DM aus den relativ hohen Beiträgen der BRD zugeflossen
sein.

Im Rahmen der bilateralen Hilfe blieb die *private* Finanzierung Afrika
gegenüber relativ gering. Trotz hoher Investitionen in der Erdölwirtschaft Libyens erreichte sie nur 37% der gesamten Leistungen der BRD
für Afrika, verglichen mit 46% in den anderen Entwicklungsgebieten.

Unter den *öffentlichen* Leistungen haben in den letzten Jahren die nichtrückzahlbaren Zuschüsse gegenüber den rückzahlbaren Anleihen an
Gewicht gewonnen. Dies ist für Afrika von erheblicher Bedeutung, da
die Zahlungsbilanz durch diese Zuschüsse nicht belastet wird.

Tabelle 13. Afrika im Rahmen der Entwicklungshilfe der BRD 1961–1968

Region/Leistung	Öffentliche Mittel Mrd. DM	%	Private Mittel Mrd. DM	%	Zusammen [1] Mrd. DM	%
Afrika	**2,6**	**23**	**1,4**	**16**	**4,0** [2]	**19**
Asien	6,3	55	2,1	22	8,4	41
Lateinamerika	1,3	11	4,0	44	5,3	26
Südeuropa	1,3	11	1,6	18	2,9	14
Bilaterale Leistungen [3]	11,5	100	9,1	100	20,6	100
Sonstige Leistungen [4]	4,7	/	3,1	/	7,8	/
Insgesamt	16,2	/	12,2	/	28,4 [5]	/

[1] Nettoleistungen.
[2] 1950–1960: 770 Millionen DM.
[3] Soweit aufgliederbar.
[4] Multilaterale Leistungen, Wiedergutmachungen und nicht aufgliederbare bilaterale Leistungen.

Quelle: Handbuch der Entwicklungshilfe II A/01/2, S. 2 ff.;
Deutsche Stiftung für Entwicklungsländer, »Entwicklung und Zusammenarbeit«, 3/70, S. 13.

Tabelle 14. Die bilaterale Entwicklungshilfe der BRD an Afrika 1961–1968
in Mill. DM

Art der Leistungen	1961/66 Jahres- durchschnitt	1967	1968	1961/68 Jahres- durchschnitt
a) Öffentliche Leistungen	290,4	433,1	473,0	331,1
davon:				
Zuschüsse	81,1	151,0	181,8	102,7
Kredite	209,3	282,1	291,2	228,4
b) private Leistungen	220,1	70,4	−31,5	169,9
davon:				
Exportkredite	145,9	6,3	−82,1	99,9
Investitionen	74,2	64,1	50,6	70,0
Summe der bilateralen Leistun- gen	510,5	503,5	441,5	501,0

Quelle: Handbuch der Entwicklungshilfe II A/01/2, S. 2 f.

Starke regionale Streuung – Ein Drittel Zuschüsse

Entgegen der Konzentration der Entwicklungshilfe Frankreichs, Großbritanniens, Belgiens und Portugals auf bestimmte afrikanische Länder
und Gebiete (vgl. S. 24) zeigt die bilaterale öffentliche Entwicklungshilfe
der BR Deutschland eine weite Streuung. Sie erstreckte sich in den Jahren 1966 und 1967 auf vierzig afrikanische Staaten. Für beide Jahre
ergeben sich dabei allerdings deutliche Schwerpunkte, nämlich

Ghana	24,4 Mill. $
Liberia	23,7 Mill. $
Ostafrikanische Gemeinschaft (Kenya, Tanzania, Uganda)	23,0 Mill. $
Vereinigte Arabische Republik	20,4 Mill. $
Nigeria	20,1 Mill. $
Marokko	16,6 Mill. $
Togo	10,5 Mill. $
Tunesien	9,8 Mill. $

Auf diese Spitzengruppe entfielen nahezu zwei Drittel der bilateralen
öffentlichen Afrika-Hilfe der Bundesrepublik; in das restliche Drittel
teilten sich die 32 anderen Staaten.

Der größere Teil der Hilfe wurde in Form von rückzahlbaren Anleihen
mit mehrjähriger Laufzeit begeben; die nichtrückzahlbaren Zuschüsse
beliefen sich auf ein Drittel.

Auch hier ist zu berücksichtigen, daß die Bundesrepublik namhaft an der
hier nicht wiedergegebenen multilateralen Finanzierung beteiligt ist, so
zu einem Drittel am Entwicklungsfonds der EWG. Auch die Fonds der
übrigen multilateralen Organisationen werden in erheblichem Umfang
von der Bundesrepublik gespeist.

Tabelle 15. **Bilaterale öffentliche Entwicklungshilfe der BRD
an afrikanische Staaten 1966 und 1967**
Nettobeträge in Mill. Dollar

Empfänger	Zu-schüsse	1966 An-leihen	Summe	Zu-schüsse	1967 An-leihen	Summe
I. Der EWG assoziierte Länder						
Burundi	0,2	0,3	0,5	0,2	0,5	0,7
Elfenbeinküste	0,8	0,7	1,4	1,0	1,3	2,3
Dahomey	0,3	0,2	0,5	0,4	0,1	0,5
Gabun	0,0	0,5	0,5	0,1	1,9	2,0
Kamerun	0,9	1,0	1,9	1,1	2,2	3,3
Kongo-Brazzaville	0,0	1,4	1,4	0,2	1,1	1,2
Kongo-Kinshasa	1,0	2,3	3,3	0,7	1,5	2,2
Madagaskar	0,6	4,6	5,2	0,5	1,0	1,5
Mali	0,5	0,0	0,5	0,5	0,0	0,5
Mauretanien	0,1	.	0,0	0,1	.	0,1
Niger	0,3	0,0	0,3	0,6	1,2	1,8
Obervolta	0,3	.	0,3	0,2	.	0,2
Rwanda	0,3	0,4	0,6	0,6	0,1	0,7
Senegal	0,6	0,5	1,1	0,5	−0,5	0,0
Somalia	1,6	0,9	2,5	1,5	1,4	2,9
Togo	1,5	3,8	5,3	1,7	3,4	5,2
Tschad	0,4	0,2	0,6	0,4	2,0	2,4
Zentralafrikanische Republik	0,1	.	0,0	0,1	1,0	1,1
Summe I	9,5	16,8	26,3	10,4	18,2	28,6
II. Mitglieder des Common-wealth						
Botswana	0,0	—	0,0	—	—	—
Gambia	0,1	—	0,1	0,3	—	0,3
Ghana	1,1	8,0	9,1	1,1	14,2	15,3
Lesotho	0,0	—	0,0	0,1	—	0,1
Malawi	0,3	2,0	2,3	0,4	1,3	1,7
Mauritius	—	—	—	—	—	—
Nigeria	0,9	9,7	10,6	0,8	8,7	9,5
Rhodesien	0,0	—	0,0	—	—	—
Sierra Leone	0,1	1,2	1,3	0,1	0,2	0,3
Swaziland	—	—	—	0,1	—	0,1
Zambia	0,1	—	0,1	0,3	—	0,3
Kenya	1,5	2,7	4,2	1,5	0,5	2,0
Tanzania	5,2	1,0	6,2	3,2	0,4	3,6
Uganda	0,6	5,0	5,6	0,5	0,9	1,4
Summe II	9,9	29,6	39,5	8,4	26,2	34,6

Tabelle 15. Fortsetzung

Empfänger	Zu-schüsse	1966 An-leihen	Summe	Zu-schüsse	1967 An-leihen	Summe
III. Andere Staaten und Gebiete						
Algerien	0,5	0,2	0,7	0,5	0,4	0,9
Libyen	0,8	–	0,8	0,6	0,1	0,7
Marokko	1,1	1,1	2,2	1,0	13,4	14,4
Tunesien	2,5	1,9	4,4	3,2	2,0	5,2
Ver. Arabische Republik	3,1	7,1	10,2	3,7	6,5	10,2
Äthiopien	3,1	0,1	3,1	3,5	1,9	5,4
Guinea	1,4	0,4	1,7	1,4	0,3	1,6
Liberia	0,3	22,8	23,0	0,2	0,5	0,7
Sudan	0,5	1,6	2,1	0,5	1,2	1,7
Summe III	13,2	35,0	48,2	14,6	26,2	40,8
IV. Afrika (Summe I–III)	32,6	81,4	115,7 [1]	33,4	70,6	106,0 [2]

[1] Einschl. 1,7 Mill. $ nicht spezifiziert.
[2] Einschl. 2,0 Mill. $ nicht spezifiziert.
Quelle: OECD, Geographical Distribution of Financial Flows to less Developed Countries 1966–1967, Paris 1969.

Tabelle 16. **Afrika im Rahmen der Auslandsinvestitionen der privaten Wirtschaft der BRD Ende 1969**

Kontinent	Insgesamt Mill. DM	Industrieländer Mill. DM	Entwicklungsländer Mill. DM	Anteil in %
Afrika	**946,3**	**154,4** [1]	**791,9**	**15**
Europa	9 791,1	8 862,4	928,7	17
Amerika	6 204,2	2 924,4 [2]	3 279,8 [3]	61
Asien	481,5	98,4 [4]	383,0	7
Ozeanien	195,2	195,2	–	–
Zusammen	17 618,3	12 234,9	5 383,4	100

[1] Südafrikanische Republik.
[2] Nordamerika.
[3] Lateinamerika.
[4] Japan.
Quelle: Bundesanzeiger, 6. Mai 1970.

Konzentration der deutschen Privatinvestitionen auf Libyen und Liberia

Die Gesamtsumme der Investitionen der privaten Wirtschaft der BRD in den Entwicklungsländern Afrikas hat sich von 1965–1969, also in fünf Jahren, verdoppelt. Ihr Anteil an den Investitionen in allen Entwicklungsgebieten blieb jedoch mit 15% konstant, da die privaten Investitionen der BRD in den übrigen Entwicklungsgebieten in gleichem Ausmaß zunahmen.

Die Verdoppelung der Afrika-Investitionen der privaten Wirtschaft der BRD geht allerdings fast ausschließlich auf eine erhöhte Investitionstätigkeit in Libyen (Erdöl) zurück. Dort erhöhten sich in den letzten drei Jahren die Investitionen deutscher Firmen um nicht weniger als rund 300 Mill. DM (1969 gegenüber 1966, s. Tabelle 17). Daneben wurden auch die schon früher bedeutenden Investitionen in Liberia (Erzbergbau) im Verlauf der letzten fünf Jahre um 50% aufgestockt. Demgegenüber ist der verhältnismäßig hohe deutsche Kapitaleinsatz in Äthiopien, der 1967 noch 54 Mill. DM betrug, ab 1968 auf wenige Millionen zurückgegangen. In den übrigen Entwicklungsländern Afrikas in ihrer Gesamtheit, auf die nur etwa ein Drittel der deutschen Privatinvestitionen in Afrika entfällt, verlief die Investitionstätigkeit deutscher Firmen in recht ruhigen Bahnen: Aus den rund 220 Mill. DM Ende 1965 waren vier Jahre später rund 280 Mill. DM geworden, das sind gut 25% mehr.

Die Direktinvestitionen aller OECD-Staaten in den Entwicklungsländern Afrikas werden vom Sekretariat der OECD für Ende 1966 auf rund 20 Mrd. DM geschätzt [1]. Danach belief sich der Anteil der BRD damals auf lediglich 3%.

---

1 Pearson-Bericht, S. II/25.

Tabelle 17. **Die privaten Investitionen der BRD in den Entwicklungs-ländern Afrikas 1965–1969**
Stand zum Jahresende in Mill. DM

Land	1965	1966	1967	1968	1969
Libyen	51,5	62,9	142,5	315,9	368,8
Liberia	86,1	136,4	137,9	139,8	130,6
Algerien	50,6	50,8	50,8	50,9	50,9
Guinea	28,5	29,3	29,8	30,1	30,4
Nigeria	21,9	23,1	25,3	25,7	25,4
Elfenbeinküste	14,7	19,3	20,9	20,2	21,9
Marokko	13,7	15,0	19,2	20,1	20,0
Ver. Arab. Republik	18,9	18,8	19,2	19,8	19,9
Kenya	3,8	10,6	13,2	14,7	17,9
Mauretanien	15,4	15,4	15,5	15,5	15,5
Kongo-Kinshasa	8,9	9,5	9,3	9,4	12,5
Tanzania	.	.	11,7	11,5	12,3
Kanarische Inseln	3,4	3,4	3,7	5,7	11,1
Uganda	4,2	3,6	6,5	8,1	9,5
Kongo-Brazzaville	2,5	3,6	4,2	4,7	5,7
Madagaskar	1,5	1,8	2,0	4,2	4,4
Togo	3,4	3,4	4,1	4,0	4,0
Gabun	3,2	3,4	3,8	3,8	3,8
Äthiopien	41,9	52,2	54,2	4,2	3,5
Kamerun	3,1	3,3	3,3	3,4	3,4
Senegal	1,3	2,9	3,0	3,2	3,2
Ghana	1,7	2,2	2,2	2,2	2,8
Sudan	2,8	2,5	2,6	2,6	2,7
Tunesien	0,5	1,1	1,4	1,4	2,4
Rhodesien	1,6	1,8	2,1	2,3	2,3
Tschad	.	1,7	1,9	1,9	2,0
Zambia	0,4	1,2	1,2	1,2	1,3
Burundi	.	.	0,5	0,5	0,9
Angola	1,0	1,0	1,1	1,0	0,8
Sierra Leone	.	0,2	0,2	0,4	0,5
Gambia	.	.	0,4	0,4	0,4
Rwanda	.	.	0,4	0,4	0,4
Dahomey	0,2	0,2	0,2	0,2	0,2
Mozambique	.	.	0,1	0,1	0,1
Insgesamt [1]	395,5	490,2	594,5	739,9	791,9
Zum Vergleich: Südafrikanische Rep.	85,9	107,1	120,3	132,1	154,4

[1] Einschl. geringfügiger nicht aufgegliederter Beträge.
Quelle: Bundesanzeiger, zuletzt 6. Mai 1970.

.

III. Entwicklungshilfe der kommunistischen Staaten

Wirtschaftshilfe der kommunistischen Staaten mit Schwerpunkt in Nordafrika

Die Höhe der Wirtschaftshilfe der kommunistischen Staaten, d. h. der Sowjetunion, der europäischen Ostblockländer und der Volksrepublik China, an afrikanischen Entwicklungsländern ist umstritten. Nach russischen Quellen beläuft sie sich auf 1,8 Mrd. $ im Zeitraum 1954 bis Anfang 1966, nach amerikanischen Erhebungen in den Empfängerländern auf 3,1 Mrd. $ für die Jahre 1954 bis 1967. Die OECD hält die amerikanischen Angaben des US-Department of State für realistischer. Der amerikanischen Version zufolge dürfte die Wirtschaftshilfe der kommunistischen Staaten an Afrika ungefähr einem Zehntel der Entwicklungshilfe der OECD-Staaten entsprechen.

Reichlich ein Drittel der gesamten Wirtschaftshilfe aus kommunistischen Staaten kommt Afrika zugute. Die Hilfe konzentriert sich mit 1,7 Mrd. $, d. h. zu 55%, auf die Vereinigte Arabische Republik, wobei das Assuan-Staudamm-Projekt bisher eine hervorragende Rolle spielte. Rund die Hälfte der Afrika-Hilfe der Sowjetunion, ein Viertel der Afrika-Hilfe der Volksrepublik China und beinahe zwei Drittel der Afrika-Hilfe der europäischen Ostblockstaaten kommen der VAR zugute. Da Algerien, Marokko, Tunesien und dem Sudan ebenfalls beträchtliche Mittel zuflie-ßen, absorbiert Nordafrika allein rund 70% der kommunistischen Afrika-Hilfe. Schwerpunkte südlich der Sahara waren bisher Ghana, Guinea, Mali und Tanzania (China!) sowie Äthiopien und Somalia im Osthorn Afrikas.

Die Vereinigte Arabische Republik und Algerien erhalten neben Wirtschaftshilfe nahezu in gleicher Höhe auch Militärhilfe aus dem Osten. Auch von Militärhilfe ist ein gewisser zusätzlicher wirtschaftlicher Effekt zu erwarten. Die Ausbildung an modernen militärtechnischen Geräten und Waffensystemen beinhaltet auch ökonomische »Ausbildungshilfe«. Manche militärische Anlagen, z. B. Flugplätze, bedeuten eine Stärkung der Infrastruktur usw. Deshalb sei die Militärhilfe hier erwähnt, abgesehen von ihrer politischen Bedeutung: erhält Afrika doch reichlich ein Drittel aller Militärhilfe, die kommunistische Staaten den Entwicklungsgebieten gewähren.

Tabelle 18. **Entwicklungshilfe der Ostblockstaaten und der Volksrepublik China an afrikanische Staaten 1954–1967**

in Mill. Dollar

| Empfängerland | Wirtschaftshilfe 1954–1967 | | | | Militär-hilfe 1955–1967 | Ins-gesamt |
	Ins-gesamt	Sowjet-union	Ostblock-staaten	China		
Ver. Arab. Republik	1679	1011	562	106	1550	3229
Algerien	304	232	22	50	250	554
Ghana	231	89	102	40	10	241
Guinea	123	73	25	25	10	133
Äthiopien	119	102	17	–	–	119
Mali	101	55	23	23	.[1]	101
Somalia	94	66	6	22	30	124
Marokko	79	44	35	–	40	119
Tanzania[2]	79	20	6	53	10	89
Kenya	62	44	–	18	–	62
Tunesien	54	34	20	–	–	54
Sudan	49	22	27	–	–	49
Kongo-Brazzaville	34	9	–	25	.[1]	34
Uganda	31	16	–	15	10	41
Sierra Leone	28	28	–	–	–	28
Zambia	23	6	–	17	–	23
Nigeria	14	–	14	–	–	14
Kamerun	8	8	–	–	–	8
Senegal	7	7	–	–	–	7
Mauretanien	7	3	–	4	–	7
Zentralafrik. Republik	4	–	–	4	–	4
Zusammen	3130 [3, 4]	1869	859 [5]	402	1910	1040 [6]
Anteil der Geber-gruppen in %	100	59	28	13	–	–

Bemerkung: Nach Berechnungen des US Department of State.

[1] Unter 5 Mill. $.
[2] Zusage eines Kredits der VR China zum Bau einer Eisenbahn von Tanzania nach Zambia; Betrag noch unentschieden.
[3] Davon 1966: 88 Mill. $, 1967: 90 Mill. $.
[4] Nach russischen Quellen 1790 Mill. $, d. h. 57% der amerikanischen . . .
[5] Davon aus DDR an VAR 90 Mill. $ und an Guinea 4 Mill. $ (Minimalbeträge nach russischer Quelle).
[6] Etwa 35% der Wirtschafts- wie auch der Militärhilfe an alle Entwicklungsgebiete. Dieser Anteil ergibt sich auch nach den russischen Quellen für die Wirtschaftshilfe (Militärhilfe wird russischerseits nicht ausgewiesen).

Quelle: OECD, Policy in the Soviet Block on Aid to Developing Countries, 1969, S. 63 ff.

C. Ermittlungen über öffentliche Entwicklungshilfe-Zusagen an Afrika 1968/69

I. Erläuterungen und Gesamtergebnisse

Die hohe Bedeutung der Entwicklungshilfe gerade für Afrika läßt es wünschenswert erscheinen, möglichst zeitig über ihre Größenordnung und Tendenzen informiert zu werden; bestimmen doch Art und Ausmaß dieser Hilfe entscheidend das Wirtschaftswachstum des Kontinents. Eine Information dieser Art liefert uns die OECD in ihren aus amtlichen Unterlagen erarbeiteten Publikationen. Die Sorgfalt und der Umfang dieser OECD-Statistik bedingen aber eine längere Bearbeitungsfrist, so daß ihre Ergebnisse zwangsläufig längere Zeit hinter der Berichtsperiode zurückliegen.

Um einen möglichst z e i t n a h e n Überblick zu gewinnen, entschloß sich die Afrika-Studienstelle des IFO-Instituts für Wirtschaftsforschung, die Z u s a g e n für ö f f e n t l i c h e Entwicklungshilfe an afrikanische Staaten und Gebiete, soweit sie bekannt werden, systematisch zu erfassen. Außer den »Gebern« und den »Empfängern« öffentlicher Entwicklungshilfezusagen und der vereinbarten Summe wird dabei zusätzlich auch das jeweils zu fördernde Projekt festgehalten (siehe Teil II). Damit ist für das behandelte Teilgebiet der Entwicklungshilfe diese Information nicht nur aktueller, sondern auch umfassender als die durch die OECD.

Das Ergebnis dieses Versuchs wurde den interessierten Stellen erstmals für das Jahr 1968 vorgelegt. Diese Bearbeitung bringt Angaben für das Jahr 1969 im Vergleich zu den Ergebnissen für 1968.

Zum A u s s a g e w e r t dieser Zusammenstellung ist zu bemerken:

1. Die Entwicklungshilfezusagen der multilateralen Organisationen entstammen durchwegs offiziösen Quellen, nämlich den Presseverlautbarungen der einzelnen Organisationen selbst oder auch Publikationen, die von ihnen herausgegeben werden. Man findet sie außerdem stets in der Fachpresse wieder.

2. Dasselbst gilt für die Entwicklungshilfezusagen der Bundesrepublik Deutschland: Soweit sie publiziert wurden, sind sie auch erfaßt worden.

3. Für die weiteren bilateralen Zusagen steht nur die Fachpresse zur Verfügung, die über diese Vorgänge ihrer Bedeutung entsprechend berichtet. Dabei werden verständlicherweise Großprojekte mehr beachtet als etwa laufende Verwaltungsakte. So wurde zum Beispiel für

Tabelle 19. Zusagen für öffentliche Entwicklungshilfe 1968 und 1969 nach Gebergruppen

Geber	Erfaßte Beträge in Mill. $ 1969	Erfaßte Beträge in Mill. $ 1968	Anteil der Geber in % 1969	Anteil der Geber in % 1968	Beträge 1969 in % von 1968
I. Multilateral					
Weltbankgruppe	492,3	317,3	30	16	158
UN-Bereich	125,2	167,6	8	8	74
EWG	141,3	174,3	9	9	81
Afrikan. Entwicklungsbank	5,9	5,6	0	0	105
Summe I	764,7	664,8	47	33	116
II. Bilateral					
a) Mitglieder der OECD					
BRD	82,3	80,2	5	4	103
Frankreich	131,6	175,3	8	9	75
Großbritannien	68,8	176,6[1]	4	9	39
USA	80,0	223,9	5	11	36
andere Mitglieder	188,3	242,8	11	12	77
Zusammen	551,0	898,8	33	45	61
b) Sino-Sowjet-Block	284,6	305,5	17	15	93
c) andere Geberländer	42,5	146,2	3	7	29
Summe II	878,1	1350,5	53	67	65
Gesamtbetrag [2]	1642,8	2015,3	100	100	82

[1] Hiervon 66,5 Mill. $ zum Ausgleich der Zambia durch die Rhodesien-Krise entstandenen Mehrausgaben.

[2] Hiervon bilaterale und multilaterale Zusagen der OECD-Staaten
1969: 1320 Mill. $ = 80% der Gesamtzusagen
1968: 1558 Mill. $ = 78% der Gesamtzusagen (zum Vergleich: Nettoleistungen gemäß OECD-Statistik 1562 Mill. $ im Jahr 1968).

die beiden französischen Überseegebiete, die Komoren und Afar und Issa, 1968 wohl je eine (multilaterale) Zusage der EWG gemeldet, aber weder 1968 noch 1969 französische Zuschüsse. Ähnlich ist es im Bereich des Commonwealth: Wir konnten z. B. für Kenya britische Beiträge zum Auslandshilfe-Programm 1968/69 festhalten, nicht aber für 1969/70. In unserer Zusammenstellung werden also die bilateralen Zusagen gegenüber den multilateralen nicht voll berücksichtigt sein.

4. Zusagen aus dem Sino-Sowjet-Block fanden Aufnahme, wenn ihre Glaubwürdigkeit durch Vergleich mehrerer Quellen wahrscheinlich schien. So wurde das vieldiskutierte chinesische Eisenbahn-Bau-programm Tanzania—Zambia von uns zwar erwähnt, aber noch nicht in die Gesamtberechnungen einbezogen.

Trotz solcher kaum vermeidbaren Lücken haben wir die neue Zusammenstellung in diese Studie aufgenommen, da sie unseres Erachtens doch wesentliche Erkenntnisse über Umfang, Struktur und Tendenzen der Entwicklungshilfe für Afrika vermitteln kann, im Umriß schon frühzeitig ein Ergebnis für 1969 wiedergibt und Hinweise auf neue Entwicklungen enthält.

Unter Berücksichtigung dieser Einschränkungen ergeben sich für das Jahr 1969 öffentliche Entwicklungshilfezusagen an die afrikanischen Entwicklungsländer in Höhe von 1,6 Mrd. $ gegenüber 2 Mrd. $ im Vorjahr. Hiervon entfielen 80% auf die OECD-Staaten, 17% auf den Sino-Sowjet-Block und 3% auf andere Geberländer. Die Ziffern für den Sino-Sowjet-Block resultieren vor allem aus Zusagen der Sowjetunion an die Vereinigte Arabische Republik und an Guinea. Damit hat sich gegenüber 1968 der Anteil der OECD-Staaten und des Sino-Sowjet-Blocks leicht erhöht. Der Anteil der anderen Geberländer lag 1968 infolge jugoslawischer Anleihezusagen an Zambia und die Vereinigte Arabische Republik im Gesamtwert von rund 73 Mill. $ beträchtlich höher als 1969.

Für die Entwicklungshilfe der OECD-Staaten ist bemerkenswert, daß sie in zunehmendem Maße multilateral erfolgt. Der Anteil der multilateralen Zusagen, der sich 1968 auf 43% belief, erreichte 1969 bereits 59% der gesamten Entwicklungshilfezusagen der OECD-Staaten. Innerhalb dieser multilateralen Zusagen gewinnen die Anleihen und Kredite der Weltbankgruppe erheblich an Gewicht: Sie bestritten 1968 beinahe die Hälfte, 1969 aber bereits knapp zwei Drittel aller multilateralen Zusagen. Der Rest entfällt zu nahezu gleichen Teilen auf die EWG und die Organisationen der UN, wenn auch ihrem Wirkungsbereich entsprechend mit unterschiedlicher regionaler Streuung.

Für die bilaterale Entwicklungshilfe der OECD-Staaten ist kennzeichnend, daß sich Großbritannien nach wie vor regional deutlich auf die Mitglieder des Commonwealth beschränkt. Ebenso konzentriert sich Frankreich auf die Mitglieder der Franken-Zone innerhalb der der EWG assoziierten Staaten (vgl. hierzu auch die zusammenfassenden Übersichten III am Schluß!). Daneben hat Frankreich die 1964 unterbrochenen

Tabelle 20. Zusagen für öffentliche Entwicklungshilfe 1968 und 1969 nach Empfängergruppen

Empfängergruppen	Erfaßte Beträge in Mill. $ 1969	1968	Anteil der Empfänger in % 1969	1968
I. Der EWG im Abkommen von Yaoundé assoziierte Staaten	448,3	523,7	27	26
II. Mitglieder des Commonwealth	391,5	593,1	24	29
dar. Ostafrikan. Gemeinschaft	(172,2)	(158,3)	(10)	(8)
III. Andere afrikan. Staaten und Gebiete	803,0	898,5	49	45
dar. Nordafrika	(587,0)	(681,1)	(35)	(33)
IV. Gesamtbetrag	1642,8	2015,3	100	100

Tabelle 21. Die wichtigsten Empfängerländer öffentlicher Entwicklungshilfe-Zusagen 1968 und 1969

Die sechs Länder, die in beiden Jahren der Spitzengruppe angehören, sind fett gedruckt

1969			1968		
Empfängerländer	Erfaßter Betrag in Mill. $	Anteil in %	Empfängerländer	Erfaßter Betrag in Mill. $	Anteil in %
Ver. Arab. Rep.	256,9	16	**Tunesien**	229,6	je 11
Tunesien	161,4	10	**Ver. Arab. Rep.**	217,2	
Marokko	96,3		Zambia	183,6	9
Ostafrikan. Gemeinschaft [1]	92,8	je 6	**Marokko**	146,2	7
Guinea	90,9		**Elfenbeinküste**	123,8	6
Kamerun	79,6	5	**Ghana**	90,8	5
Elfenbeinküste	65,0		**Guinea**	86,4	4
Sudan	63,6	je 4	Malawi	65,4	je 3
Ghana	60,5		Tanzania	62,9	
Zusammen	967,0	61	Zusammen	1206,1	59

[1] Zusagen an die Gemeinschaft als solche, nicht an ihre Mitgliedstaaten.

Wirtschaftsbeziehungen zu Tunesien 1968 wieder aufgenommen und dabei eine Anleihe von 80 Mill. $ zum Ankauf französischer Erzeugnisse zugesagt und 1969 Tunesien und Marokko namhafte Kredite eingeräumt.

Während 1968 die bilateralen Zusagen der USA mit 224 Mill. $ die anderer Geberländer übertrafen, wirkte sich die Kürzung der Entwicklungshilfemittel durch den Kongreß bereits 1969 drastisch aus: Mit nur 80 Mill. $ rangieren die Zusagen der USA hinter denen Frankreichs und selbst der BRD. Neben dem zunehmenden Gewicht der Finanzierung durch die Weltbankgruppe ist dieser Rückgang der Finanzierung durch die USA das wesentliche Charakteristikum der öffentlichen Entwicklungshilfe für Afrika im Jahr 1969. Dagegen erklärt sich der Rückgang der Entwicklungshilfezusagen Großbritanniens 1969 vor allem durch die hohen einmaligen Ausgleichszahlungen an Zambia im Jahr 1968. Die Zusagen der BRD zeigen eine — wenn auch geringe — absolute Zunahme. Sie erreichten 1969 62% der französischen Zusagen gegenüber nur 46% ein Jahr zuvor. Hierbei ist zu berücksichtigen, daß die Einzahlungen der Bundesrepublik bei den multilateralen Fonds verhältnismäßig hoch sind (Einzelheiten siehe Tabelle 19).

Die Streuung der Gesamtheit der Entwicklungshilfe-Zusagen auf die großen Empfängergruppen hat sich 1969 nicht wesentlich geändert: Der regionale Schwerpunkt liegt nach wie vor mit einem Drittel bei Nordafrika. Das Jahr 1969 brachte aber eine noch fühlbare Gewichtsverlagerung zugunsten jener afrikanischen Staaten, die der EWG im Abkommen von Yaoundé assoziiert sind; dagegen haben die Mitglieder des Commonwealth, trotz erhöhter Zusagen an die ostafrikanische Gemeinschaft und deren drei Mitgliedstaaten, im ganzen schlechter abgeschnitten (Einzelheiten siehe Tabelle 20).

Die Entwicklungshilfe-Zusagen konzentrierten sich 1969 wie 1968 zu rund 60% auf neun Empfängerstaaten (s. Tabelle 21).

In diesen Ländern wirkten in beiden Jahren stets multilaterale und bilaterale Hilfe zusammen, ausgenommen den Sudan, der 1969 vor allem aus dem Ostblock Zusagen erhielt. Dies gilt auch für die Vereinigte Arabische Republik, die — bilateral bevorzugt von der Sowjetunion — auch multilateral von der Weltbankgruppe und den UN Entwicklungshilfe-Zusagen erhielt. Wiederum zeigt sich die maßgebliche Rolle der Weltbankgruppe (vgl. hierzu Tabelle 22).

Eine starke Konzentration der Entwicklungshilfe bedingen auch die Großprojekte (s. Tabelle 23 und 24).

Auf diese Großprojekte entfielen 1969 nicht weniger als 40% der erfaßten Entwicklungshilfe-Zusagen für Afrika (1968 nahezu ein Drittel). Hier hat sich auch vor allem die Sowjetunion engagiert. Sie hatte 1968 für zwei Großprojekte in der Vereinigten Arabischen Republik (Stahlwerk und Erdölerschließung) und für das Djarada-Kraftwerk in Marokko 260 Mill. $ zugesagt, also 40% des für alle aufgeführten Großprojekte

Tabelle 22. **Die wichtigsten Empfänger öffentlicher Entwicklungshilfe-Zusagen 1969 und die Herkunft der Mittel**

Empfängerland	I. Multilateral Betrag in Mill. $	Geber	II. Bilateral Betrag in Mill. $	Geber	Gesamtbetrag in Mill. $	Hinweis auf Großprojekte in Tabelle 23
Ver. Arab. Republik	88,8	Weltbank 40, FAO 45, UN	168,1	Sowjetunion 110, DDR 29, Italien 24, Dänemark, Frankreich	256,9	Nr. 1, 6, 20
Tunesien	57,2	Weltbankgruppe 52, UN	104,2	Frankreich 28, Italien 24, USA 11, BRD 10, Spanien, Kanada, Schweden, Niederlande, Dänemark	161,4	Nr. 15, 16
Marokko	63,0	Weltbankgruppe 61, UN	33,3	BRD 12, Frankreich 11, USA, Kanada	96,3	Nr. 3
Ostafrikan. Gem.[1]	92,4	Weltbank	0,4	USA	92,8	Nr. 4, 7, 17
Guinea	2,1	UN	88,8	Sowjetunion 81, USA, BRD	90,9	Nr. 2
Kamerun	55,0	EWG 27, UN, Weltbankgruppe 25	24,6	USA 10, Frankreich 10, BRD, Kanada, Schweiz	79,6	Nr. 5
Elfenbeinküste	50,8	Weltbank 28, EWG 16, UN	14,2	Frankreich, BRD, Dänemark	65,0	Nr. 8
Sudan	—	—	63,6	Bulgarien 17, Ver. Arab. Rep., Sowjetunion und Japan je 10, DDR, Schweden, Großbritannien	63,6	Nr. 22
Ghana	13,7	Weltbankgruppe 12, UN	46,8	Kanada 15, USA 14, Großbritannien 10, BRD, Dänemark	60,5	Nr. 9
Zusammen	423,0	/	544,0	/	967,0	14 Großprojekte

[1] Zusagen an die Gemeinschaft als solche, nicht an ihre Mitgliedstaaten.

zugesagten Betrags. 1969 beliefen sich die sowjetischen Zusagen auf 30%, wiederum zugunsten zweier Projekte in der Vereinigten Arabischen Republik und neuerdings eines Projekts im Sudan.

Die geförderten Großprojekte dienen entscheidend der Stärkung der Infrastruktur durch Förderung der Energiewirtschaft und des Verkehrswesens sowie der bergbaulichen und industriellen Entwicklung. Die energiewirtschaftlichen Projekte, welche die Wasserkräfte Afrikas nutzen, dienen zugleich auch der Landwirtschaft, die 1969 zudem noch mit spezifischen Entwicklungshilfe-Zusagen zugunsten der Entwicklung der Rharb-Ebene in Marokko, der Palmölwirtschaft in der Elfenbeinküste und der Nilregulierung bedacht ist. Diese Großprojekte, an denen sich auch privates Kapital beteiligt, setzen Schwerpunkte für die künftige Wirtschaftsentwicklung Afrikas. Ihre Verwirklichung wird das Gewicht des Kontinents auch in der Weltwirtschaft stärken.

Die A u s l a n d s s c h u l d der afrikanischen Entwicklungsländer hat inzwischen einen so hohen Stand erreicht, daß bei weiterer Auslandsverschuldung im bisherigen Ausmaß schon in wenigen Jahren die jährlichen Zins- und Amortisationsverpflichtungen die Höhe der Neuverschuldung erreichen wird. Damit verblieben den afrikanischen Entwicklungsländern nur noch die — allerdings beträchtlichen — nichtrückzahlbaren Zuschüsse als echter Nettozufluß des Auslandes zur Weiterentwicklung und Fundierung ihrer Wirtschaft. Die künftige Kreditgewährung wird auf dieses Faktum Rücksicht nehmen müssen (vgl. Tabelle 8 in Teil B).

Tabelle 23. Öffentliche Entwicklungshilfe-Zusagen für Großprojekte 1969

No.	Projekt	Empfänger	Betrag in Mill. $	Geber
1	Aluminium-, Phosphat- und Ferrosiliciumwerke im Anschluß an Assuan-Staudamm	Ver. Arab. Rep.	110,0	Sowjetunion
2	Bauxitvorkommen bei Kindia	Guinea	81,0	Sowjetunion
3	Landw. Erschließung der Rharb-Ebene, u. a. Bau des Indries-Dammes, Anlage von Verarbeitungsfabriken, Straßenbau	Marokko	46,0	Weltbank
4	Verbesserung des Eisenbahnwesens	Ostafrik. Gem.	42,4	Weltbank
5	Transkamerun-Bahn	Kamerun	38,0	EWG, USA, Frankreich
6	Bewässerungs- und Drainagearbeiten in Unterägypten	Ver. Arab. Rep.	26,0	IDA
7	Hafenbauten in Mombassa und Dar es Salaam	Ostafrik. Gem.	35,4	Weltbank
8	Palmöl-Wirtschaft	Elfenbeinküste	32,5	Weltbank, EWG, Frankr.
9	Volta-Wasserkraftwerk	Ghana	30,7	Weltbank, Kanada, USA
10	Straßenbau	Kenya	25,9	Weltbank, BRD
11	Bau eines Wasserkraftwerks	Äthiopien	23,1	Weltbank
12	Straßenbau	Uganda	20,0	IDA, Großbritannien
13	Elektrifizierung im Raum Inga	Kongo-Kinshasa	18,0	EWG, EIB
14	Straßenbau Lusaka–Mumba	Zambia	16,8	V. Rep. China
15	Modernisierung der Eisenbahn	Tunesien	16,5	Weltbank, IDA
16	Chemiewerk in Gannouch bei Gabes	Tunesien	16,5	Frankreich
17	Ausbau des Post- und Fernmeldewesens	Ostafrik. Gem.	15,0	Weltbank
	Zusammen		593,8	

Tabelle 23. Fortsetzung

No.	Projekt	Empfänger	Betrag in Mill. $	Geber
Übertrag			593,8	
18	Cunene-Damm und -Kraft-werk	Angola	14,0	Südafrik. Rep.[1]
19	Cabora-Bassa-Damm und -Kraftwerk	Mozambique	14,0	Portugal
20	Verbesserung des Eisen-bahnwesens	Ver. Arab. Rep.	14,0	Weltbank
21	Straßenbau zur Erschlie-ßung der »zweiten Wald-zone«	Gabun	11,8	Weltbank, EWG, EIB
22	Regulierung des Blauen Nil	Sudan	11,2	Sowjetunion
Zusammen			658,8 = 40% der Ge-samtzusagen	

[1] Portugiesischer Anteil nicht bekannt.

Tabelle 23a. **Schwerpunkte der »Großprojekte« 1969**

Zahl der Projekte	Wirtschaftsbereich	Betrag Mill. $	Anteil in %	Projekt-Nummer (s. Tab. 23)
10	Verkehrswesen	235,8	36	
4	*davon:* Eisenbahnwesen			
	110,9 Mill. $ = *17%*			4, 5, 15, 20
4	Straßenbau			
	74,5 Mill. $ = *11%*			10, 12 ,14, 21
1	Hafenbauten			
	35,4 Mill. $ = *5%*			7
1	Post- und Fernmeldewesen			
	15,0 Mill. $ = *2%*			17
3	Industrialisierung (auch Bergbau)	207,5	31	1, 2, 16
5	Energiewirtschaft	99,8	15	9, 11, 13, 18, 19
4	Landwirtschaftliche Erschließung	115,7	18	3, 6, 8, 22
22	Insgesamt	658,8	100	
	Durch **Weltbankgruppe** finanziert:			
8	ausschließlich	228,4		3, 4, 6, 7, 11, 15, 17, 20
5	gemeinsam mit anderen Gebern	64,2		8, 9, 10, 12, 21
13	Zusammen	292,6	44	
3	Durch **Sowjetunion** ausschließlich finanziert	192,2	30	1, 2, 22
	Durch andere Geber finanziert	174,0	26	

59

Tabelle 24. Öffentliche Entwicklungshilfe-Zusagen für Großprojekte 1968

No.	Projekt	Empfänger	Betrag in Mill. $	Geber
1	Groß-Stahlwerk Hélouan	Ver. Arab. Rep.	160,0	Sowjetunion
2	Bauxit-Abbau bei Boké	Guinea	85,5	Weltbank, USA
3	Straßenverbindung Tanzania/Zambia [1]	Tanzania Zambia	72,2	Weltbank, Schweden, USA
4	Kraftwerk Djarada	Marokko	54,0	Sowjetunion
5	Kafue-Damm und Kraftwerk	Zambia	53,4	Jugoslawien
6	Erdölerschließung in der Siweh-Senke	Ver. Arab. Rep.	46,0	Sowjetunion
7	Kupferabbau in Akjouit	Mauretanien	36,9	IFC, EWG, Frankreich
8	Transkamerun-Bahn	Kamerun	34,0	EWG, Frankreich, USA
9	Ausbau der elektrischen Versorgung	Sudan	24,0	Weltbank
10	Kraftwerk Akosombo am Volta	Ghana	20,5	IDA, Kanada
11	Kainji-Kraftwerk	Nigeria	14,5	Weltbank
12	Hafenbau in Owendo	Gabun	14,3	EWG
13	Hafenbau in Glannouch	Tunesien	14,0	Italien
14	Cumene-Damm und -Kraftwerk	Angola	14,0	Südafrikanische Republik [2]

Zusammen . . . . 643,3 = 100%
davon für Energiewirtschaft . . . . 180,4 = 28% (Nr. 4, 5, 9, 10, 11, 14)

Bergbau (Bauxit, Erdöl, Kupfer) . . 168,4 = 26% (Nr. 2, 6, 7)

Groß-Stahlwerk . . . . 160,0 = 25% (Nr. 1)
Verkehrswesen [3] . . . . 134,5 = 21%
davon: Eisenbahnbau [3] . . . . . 106,2 = 16% (Nr. 3, 8)
Hafenbauarbeiten . . . . . 28,3 = 5% (No. 12, 13)

---

[1] Volksrepublik China soll für das entsprechende Eisenbahn-Projekt 240 Mill. $ zugesagt haben.
[2] Portugiesischer Anteil nicht bekannt.
[3] Ohne chinesisches Eisenbahnprojekt Tanzania–Zambia, s. Anm. 1.

II. Länder- und Gebiets-Übersichten für 1969

Geber	Betrag Mill. $	Konditionen	Zweck
I. Multilateral			
Weltbank	23,1	25 J., 5 Frj., 6,5%	Bau eines Wasserkraftwerks am Fluß Finebaa
Weltbank	4,5	20 J., 4,5 Frj., 6,5%	Fernmeldewesen
IDA	3,5	50 J., 20 Frj., 3/4%	Landwirtschaft im Wolamo-gebiet
UNDP	0,9		Industrielles Fachschulwesen
UNDP	0,2		Erforschung geotherm. Reserven
UNDP	0,1		Erschließungsmaßnahmen der Awosh-Valley-Authority
Summe	32,3 = 60%		
II. Bilateral			
USA	10,0	40 J., 10 Frj., 2–3%	Ausbau Flughäfen Addis Abeba und Asmara
USA	7,5	40 J., 10 Frj., 2–3%	Malariabekämpfung
Schweden	4,5	25 J., 10 Frj., 2%	Fernmeldewesen
Summe	22,0 = 40%		

Insgesamt   54,3 = *100%* **Schwerpunkte** (soweit zahlenmäßig nach-
(1968: 62,3)   gewiesen)

Elektrifizierung	*23,1 Mill. $ = 43%*
Flughafenbau	*10,0 Mill. $ = 18%*
Fernmeldewesen	*9,0 Mill. $ = 16%*
Malariabekämpfung	*7,5 Mill. $ = 14%*
	91%

Geber	Betrag Mill. $	Konditionen	Zweck
I. Multilateral			
UNDP	4,0		Landwirtschaft in Ost-algerien
UNDP	1,3		Hydro-meteorolog. Institut
UNDP	1,3		Viehhaltung im Gebiet Si Lakhad und Bow Saada-Djelfa
UNDP	0,3		Berufsausbildung
UN/WFP	1,4		Ernährungshilfe für Über-schwemmungs-Opfer
Summe	8,3 = 94%		
II. Bilateral			
Kanada	0,5	50 J., 10 Frj., zinsfrei	Technische Zusammenarbeit
Sowjetunion	.		Entsendung sowjet. Exper-ten, besonders für Stahl-werk El Hadjar
Summe	0,5 = 6%		

Insgesamt 8,8 = 100% **Schwerpunkte** (soweit zahlenmäßig nach-
(1968: 32,2) gewiesen)
Landwirtschaft 5,3 Mill. $ = 60%

Geber	Betrag Mill. $	Konditionen	Zweck
I. Multilateral	–,–		
II. Bilateral			
Südafrik. Rep.	14,0 [1]		Für Cunene-Projekt (neben starken Privat-Investitionen)
Portugal	ca. 12,0 [1]		Jahreszuschuß zum dritten Sechs-Jahres-Entwicklungs-plan
Summe	26,0 = 100%		
Insgesamt	26,0 = *100%*	**Schwerpunkte** (soweit zahlenmäßig nach-	
	(1968: 26,0)	gewiesen)	
		Cunene-Projekt – nur Südafrikanischer Anteil – mindestens *54%*	

[1] Durchschnittlicher Jahresbetrag aus der Gesamtsumme der Zuwendungen zum 6-Jahres-Plan.

64

Geber	Betrag Mill. $	Konditionen	Zweck
I. Multilateral			
IDA	2,5	50 J., 10 Frj., $^3/_4^0/_0$	Studie zur Erschließung von Kupfer-Nickelvorkommen in Pikwe und Selab
UNDP	0,4		Institut für Genossenschaftswesen
Summe	2,9 $= 20^0/_0$		
II. Bilateral			
Großbritannien	11,8 $= 80^0/_0$		Allgem. Budget- und Entwicklungshilfe-Zuschuß

Insgesamt 14,7 $= 100^0/_0$ **Schwerpunkte** (soweit zahlenmäßig nachgewiesen):

(1968: 14,5)

Allg. Budgetzuschuß 9 Mill. $ $= 68\%$
Bergbau 2,5 Mill. $ $= 17\%$
85%

Geber	Betrag Mill. $	Konditionen	Zweck
I. Multilateral			
IDA	1,8	50 J., $^3/_4 \%$	Neuerschließung 4000 ha landwirtschaftl Anbaufläche
UNDP	1,4		Landwirtschaftl. Siedlungswesen in Gebieten Mosse und Conkuzo in Ostburundi
UNDP	0,4		Unterstützung der Burundi-Development-Bank
EWG	2,8		Straßenbau Mazavya–Kitega
EWG	1,0		Preisstützung für Arabica-Kaffee
EWG	0,3		Tee-Aufbereitung in Rwegwa
Summe	7,7 = 97%		
II. Bilateral			
BRD	0,2 = 3%		Schenkung von Straßenbaumaschinen

Insgesamt   7,9 = 100%   **Schwerpunkte** (soweit zahlenmäßig nach-
    (1968: 3,6)   gewiesen):

                           Landwirtschaft   4,5 Mill. $ = 57%
                           Straßenbau   3,0 Mill. $ = 37%
                                                 94%

Geber	Betrag Mill. $	Konditionen	Zweck
I. Multilateral			
IDA	4,6	50 J., 10 Frj., $^3/_4\%$	Förderung der Landwirtschaft, bes. Ölpalmprodukte, Baumwolle und Erdnüsse (erster Kredit der Weltbankgruppe)
UN/FAO	2,8		Lebensmittelhilfe
EWG	0,9		Landwirtschaftl. Entwicklung
Summe	8,3 = 44%		
II. Bilateral			
Frankreich	4,6		Förderung der Landwirtschaft, bes. Ölpalmprodukte, Baumwolle und Erdnüsse
Frankreich	1,4		Weitere Hilfe für Landwirtschaft
Frankreich	0,6		Wegebau
Frankreich	0,2		Technische Hilfe, auch Gesundheitswesen
Kanada	3,0	„langfristig" 10 Frj. zinsfrei	Energieversorgung
BRD	0,5		Finanzierung kleinerer und mittlerer Unternehmungen
Schweiz	0,3	3%	Errichtung von Konsumgenossenschaften
Schweiz	0,1	Schenkung	
Summe	10,7 = 56%		

Insgesamt 19,0 = 100% **Schwerpunkte** (soweit zahlenmäßig nach-
(1968: 7,6) gewiesen):
Förderung der
Landwirtschaft 11,5 Mill. $ = 61%
Energieversorgung 3,0 Mill. $ = 16%
Lebensmittelhilfe 2,0 Mill. $ = 11%
88%

Geber	Betrag Mill. $	Konditionen	Zweck

I. Multilateral

Geber	Betrag	Konditionen	Zweck
Weltbank	17,1		Anbau von Ölpalmen und Kokosnüssen sowie Errichtung einer Palmölmühle: Palmölprogramm
Weltbank	11,0		Ausbau des Schulwesens
UN/FAO	3,6	auf 5 J.	Lebensmittellieferungen für Schüler
UNDP	1,7		Lehrerbildung
UNDP	0,7		Forstwirtsch. Institut in Divo
UNDP	0,6		Landesaufnahme (Kartogr. Dienst)
EWG/EIB	9,1	16,5 J., 4,5 Frj., $6^7/8^0/0$	Palmölprogramm (vgl. Weltbank, oben
EWG/EIB	0,5	8 J. zu $7^0/0$	Ölfabrik
EWG/EEF	4,5	nicht rückzahlb.	Entwicklung der Baumwollkultur nebst Entkörnungsanlage
EWG/EEF	1,6	20 J., 3 Frj., $2^0/0$	
EWG/EEF	0,4		Institut für Volksgesundheit, Abidjan
Summe	50,8 $= 78^0/0$		

II. Bilateral

Geber	Betrag	Konditionen	Zweck
Frankreich	5,8		Palmölprogramm (vgl. Weltbank u. EWG, oben)
Frankreich	1,6	14 J., $2^0/0$	2. Stufe des Abidjan-Vridi-Projekts
Frankreich	1,4		Schulwesen
BRD	3,4		Hafenbau Abidjan
Dänemark	2,0	25 J., 7 Frj., zinsfrei	Kauf dänischer Erzeugnisse (1. Anleihe Dänemarks an Elfenbeinküste)
Summe	14,2 $= 22^0/0$		

Insgesamt   65,0 $= 100^0/0$ **Schwerpunkte** (soweit zahlenmäßig nach-
     (1968: 123,8)   gewiesen):

Palmölwirtschaft	32,5 Mill. $ = 50%
Schulwesen	14,1 Mill. $ = 25%
Baumwollwirtschaft	6,1 Mill. $ = 9%
Hafenbau Abidjan	5,0 Mill. $ = 8%
	92%

Geber	Betrag Mill. $	Konditionen	Zweck
I. Multilateral			
Weltbank	6,0		Straßenbau zur Erschließung der »zweiten Waldzone« zum Einschlag von Okumene-Holz
EWG/EEF	2,5	25 J., 10 Frj., 1%	
EWG/EIB	2,3	16 J., 10 Frj., 4,5%	
EWG/EIB	0,5	10 J., 6,5%	Getreidemühle u. Geflügelfarm in Libreville
UNDP	1,0		Walderschließung (Studie)
Summe	12,3 = 46%		
II. Bilateral			
Frankreich	10,0 [1]		Stauwerk und hydroelektrische Anlage bei Kinguele zur Versorgung der Industriezone von Libreville
Frankreich	2,0		Eisenbahnbau Owendo–Belinga
Frankreich	2,3		Verschiedene Projekte
Summe	14,3 = 54%		

Insgesamt	26,6 = 100%	**Schwerpunkte** (soweit zahlenmäßig nachgewiesen):
(1968: 45,1)		Straßenbau/

Waldwirtschaft 11,8 Mill. $ = *44%*
Elektrizitätsversorgung 10,1 Mill. $ = *38%*
82%

---

[1] Davon 4 Mill. $ Schenkung
3,6 Mill. $ FAC-Anleihe
2,4 Mill. $ COFACE-Lieferkredit.

Geber	Betrag Mill. $	Konditionen	Zweck
I. Multilateral			
UN/FAO	0,4		Lebensmittelhilfe für Dürre-gebiete
II. Bilateral	.		
Insgesamt	0,4		
	(1968: 7,7)		

Geber	Betrag Mill. $	Konditionen	Zweck
I. Multilateral			
Weltbank	6,0	25 J., 10 Frj., 6,5 %,	Ausbau des Volta-Wasserkraftwerks
IDA	3,5	50 J., 10 Frj., $3/4$%,	Wasserleitungsnetz in Accra
IDA	1,5	10 J., 2 Frj., $3/4$%,	380 km Straßenbau
IDA	1,3	50 J., 10 Frj., $3/4$%,	Bau von Fangschiffen für Küstenfischerei
UNDP	1,4		verschiedene Projekte
Summe	13,7 = 23%,		
II. Bilateral			
USA	11,1	40 J. „geringer" Zins	Volta-Aluminium-Co. (vgl. Weltbank u. Kanada)
USA	2,0		Lebensmittelhilfe
USA	1,3		Förderung der Küstenfischerei (vgl. IDA)
Kanada	13,3	50 J. zinsfrei	Generatoren für Volta-Kraftwerk (s. oben Weltbank)
Kanada	2,0		Getreidelieferungen (25 000 t)
Großbritannien	9,6	25 J. zinsfrei	Finanzhilfe 1969/70
BRD	3,8		Projekthilfe
BRD	2,5	25 J., 7 Frj., 2,5%,	Warenhilfe
BRD	0,9		Technische Hilfe durch Experten u. Material, u. a. Düngemittel zur Ansiedlung von 80 Bauernfamilien in Peki, Raum Volta
Dänemark	0,3	Zuschuß	Studie dänischer Ing.-Firma für Volta River Authority (s. Weltbank)
Summe	46,8 = 77%,		

Insgesamt 60,5 = 100% **Schwerpunkte** (soweit zahlenmäßig nach-
(1968: 90,8) gewiesen):

Volta-Projekt	30,7 Mill. $ = 51%
Finanzhilfe	9,6 Mill. $ = 16%
	67%

Geber	Betrag Mill. $	Konditionen	Zweck
I. Multilateral			
UNDP	1,6		Ausbildung von Landwirt-schaftslehrern
UNDP	0,5		Verbesserung der Hafen-anlagen von Conakry
Summe	2,1 $= 2\%$		
II. Bilateral			
Sowjetunion	81,0		Erschließung von Bauxit-Vorkommen von Kindia
USA	7,5		Kauf amerikanischer Land-wirtschaftserzeugnisse
BRD	0,3		Vorstudie für Elektrizitäts-ausbau
Summe	88,8 $= 98\%$		

Insgesamt   90,9 $= 100\%$ **Schwerpunkte** (soweit zahlenmäßig nach-
      (1968: 86,4)   gewiesen):
           Bauxi-Vorkommen von
           Kindia   81 Mill. $ $= 90\%$

NB: 1968 Anleihen der Weltbank und der USA für Bauxitabbau bei Boké.

Geber	Betrag Mill. $	Konditionen	Zweck
I. Multilateral			
EWG/EEF	15,0	Zuschuß	Transkamerun-Bahn
EWG/EIB	5,0	40 J., 10 Frj., 1%	Transkamerun-Bahn
EWG/EEF	3,8		Transkamerun-Bahn
EWG/EIB	1,4	21 J., 6 Frj., 3%	Transkamerun-Bahn
EWG/EIB	1,0	8 J., 6,5%	Erweit. von Textilfabriken
EWG/EEF	0,5		Experten für »small in-
	(26,7)		dustries«
Weltbank	7,9	30 J., 10 Frj., 6,5%	Palmölgewinnung
Weltbank	7,0	20 J., 3 Frj., 6,5%	Städt. Wasserversorgung
IDA	10,5	50 J., 10 Frj., $3/4$%	Schulwesen
UNDP	2,9		Ausbildung (Landwirtschaft, Genossenschaften, Gesundheitswesen, Statistik, Gewerbewesen)
Summe	55,0 = 69%		
II. Bilateral			
Frankreich	2,8	Zuschuß	Transkamerun-Bahn
Frankreich	1,8	Zuschuß	Palmölgewinnung
Frankreich	1,8	21 J., 4%	
Frankreich	1,6		Städt. Wasserversorgung
Frankreich	0,7	10 J., 8 Frj., 3%	Automatische Telefonzentralen in größeren Orten
Frankreich	0,5	Zuschuß	Landwirtschaftliche und technische Institute
Frankreich	0,4	Zuschuß	Erziehungswesen
Frankreich	0,3	Zuschuß	Studien über Reiskultur und Kleinindustrie
	(9,9)		
USA	10,0	Anleihe	Transkamerun-Bahn
USA	0,2	Schenkung	Lehrbücher
BRD	3,6		Straßenbau Moza–Waza
Kanada	0,5		Wasservers. von Kumba
Schweiz	0,9		Wasservers. und Schulen
Summe	24,6 = 31%		

Insgesamt 79,6 = *100%* **Schwerpunkte** (soweit zahlenmäßig nach-
(1968: 51,1) gewiesen):

Transkamerun-Bahn	38,0 Mill. $ =	47%
Ausbildungswesen	14,0 Mill. $ =	17%
Palmölgewinnung	11,5 Mill. $ =	14%
Wasserversorgung	9,5 Mill. $ =	12%
		90%

Geber	Betrag Mill. $	Konditionen	Zweck
I. Multilateral			
Weltbank	23,5	25 J., 10 Frj., 7⁰/₀	Straßenbau (1600 km)
Weltbank	2,6	dto.	Forstwirtschaft auf der Hochebene, besonders Zypressen und Pinien
UNDP/UNESCO	1,7		Polytechnikum in Nairobi
UNDP/FAO	0,8		Entwicklung der Fleisch-wirtschaft
Summe	28,6 = 75⁰/₀		
II. Bilateral			
BRD	6,2		Zuckerindustrie
BRD	2,4		Straßenbau
Norwegen	0,4		Landwirtschaftsschulen und Bauwirtschaft
Schweden	0,3		Ausbau einer Gewerbe-schule
Summe	9,3 = 25⁰/₀		

Insgesamt   37,9 = 100⁰/₀ **Schwerpunkte** (soweit zahlenmäßig nach-
     (1968: 58,3)   gewiesen):
                        Straßenbau   25,9 Mill. $ = *68%*
                        Zuckerindustrie   6,2 Mill. $ = *16%*
                                                    84%

Geber	Betrag Mill. $	Konditionen	Zweck
I. Multilateral			
EWG/EEF	6,7		Kakao- und Ölpalmen-anbau in Ubangui
EWG/EEF	4,4		Teeanbau in Kivu
EWG/EEF	1,4	Zuschuß	Ölfabrik in Kunda und Etoumbi
IDA	0,6	10 J., 2 Frj., $3/4\%$	Planungsstudie für Straßen-bau
Summe	13,1 = 45%		
II. Bilateral			
Frankreich	2,4		Verschiedene Projekte
Sowjetunion	12,0	12 J., 2,5%	Verschiedene Projekte und Bezug sowjetischer Waren
Summe	14,4 = 55%		

Insgesamt   27,5 = *100%* **Schwerpunkte** (soweit zahlenmäßig nach-
      (1968: 10,1)   gewiesen):
                Förderung der
                Landwirtschaft   11,1 Mill. $ = min. *40%*

Geber	Betrag Mill. $	Konditionen	Zweck
I. Multilateral			
EWG/EEF	9,0	Zuschuß	Elektrizitätsversorgung im Raum Inga
EWG/EIB	9,0	25 J., 7 Frj.	
EWG/EEF	1,4		Transportwesen
IDA	6,0	50 J., 10 Frj., $3/4^0/0$	Straßenbau
Weltbank	0,3		Förderung der Landwirtschaft im Raum Ituri
UNDP	1,6		Förderung der Landwirtschaft
UNDP	1,5		Straßenbau
UNDP	0,9		Flußtransportwesen
Summe	29,7 = 80%		
II. Bilateral			
BRD	3,5		Ankauf von Lokomotiven und Flußschleppern
USA	2,3		Förderung der Landwirtschaft und des Straßenbaus
USA	0,5		Technische Hilfe durch Experten
Kanada	0,8		Papierlieferung für Schulbücher
Frankreich	0,3		Wohnungswesen in Kinshasa
Summe	7,4 = 20%		

Insgesamt   37,1 = *100%* **Schwerpunkte** (soweit zahlenmäßig nach-
        (1968: 29,7)   gewiesen):

Elektrifizierung	18,0 Mill. $	= *48%*
Straßenbau	7,5 Mill. $	= *21%*
Transportwesen	6,0 Mill. $	= *16%*
		85%

Geber	Betrag Mill. $	Konditionen	Zweck
I. Multilateral			
UNDP	1,6 = 14%		Studien zum Oxbow-Wasser-Komplex
II. Bilateral			
Großbritannien	9,6 = 86%, Schenkung		Entwicklungs- und Budgethilfe 1969/70
Insgesamt	11,2 = 100%		

Liberia   Entwicklungshilfe-Zusagen 1969

Geber	Betrag Mill. $	Konditionen	Zweck
I. Multilateral			
Weltbank	3,6	15 J., 2½ Frj., 6,5%	Ausbaggerung des Hafens von Monrovia
UNDP	1,3		Hochschule für Land- und Forstwirtschaft in Monrovia (2. Phase)
UNDP	1,0		Mineralische Bestands-aufnahme in den zentralen und westlichen Gebieten
UNDP	0,5		Organisation für wirtschaftliche Planung
Afrik. Entwicklungsbank	1,3	30 J., 4 Frj.	Ankauf einer 15 000-kw-Turbine
Summe	7,7 = 99%		
II. Bilateral			
Großbritannien	0,1 = 1%		Postamt in Monrovia

Insgesamt   7,8 = 100%   **Schwerpunkte** (soweit zahlenmäßig nach-
    (1968: 3,0)   gewiesen):
                        Hafen Monrovia   3,6 Mill. $ = 46%

Geber	Betrag Mill. $	Konditionen	Zweck
I. Multilateral			
EWG/EEF	8,1		Entwicklung der Landwirtschaft
EWG/EEF	1,8	Anleihe	Schlachthaus in Tananarive
EWG/EEF	1,5	Zuschuß	Forschungsstat. f. Teeanbau
EWG/EEF	0,4	Zuschuß	
EWG/EEF	0,2	Zuschuß	Polder-Bau am Alaotrasee
EWG/EEF	0,2	Zuschuß	Landw. Erschließung des Andapa-Hochtals
EWG/EEF	0,1		Untersuchung zur Erschließung des Bas-Mangoky-Deltas
	(12,3)		
Weltbank	2,8	22 J., 9 Frj., 6,5%	Entwicklung der Viehwirtschaft
UNDP	0,9		Schulwesen
UNDP	0,7		Transportstudie für Nordwest-Madagaskar
UNDP	0,6		Studie zur Nutzung der Wasserkraft
UNDP	0,5		Gewerbl. Ausbildungswesen
UNDP	0,4		Institut für Lehrerbildung
Summe	18,2 = 56%		
II. Bilateral			
Italien	6,0	15 J., 3 Frj., 4,9%	Reis-, Maniokanbau, Viehzucht im Gebiet Ambatomanoana-Antanetibe
Frankreich	2,3		Kaffee- und Reisanbau, Schädlingsbekämpfung, Straßenbau, Gesundheitsw.
Frankreich	1,3		Div. Forschungsarbeiten
Frankreich	0,2		Baumwollanbau, Schulwesen
USA	2,7		Ausbau Bahnstrecke Tananarive—Tamatave
BRD	1,4		Für Industriekredite
Summe	13,9 = 44%		

Insgesamt 32,1 = *100%* **Schwerpunkte** (soweit zahlenmäßig nach-
(1968: 34,4) gewiesen):

Landwirtschaft mind.   22 Mill. $ = 65%

Straßenbau usw.   3 Mill. $ = 9%

                  74%

Geber	Betrag Mill. $	Konditionen	Zweck
I. Multilateral			
IDA	5,2		
Afrikan. Ent-wicklungsbank	3,0		Tedzani-Energieprojekt
UNDP	0,4		Ausbildung von Seefischern
Summe	8,6 = 35%		
II. Bilateral			
Großbritannien	12,0	zinsfrei	Verschiedene Entwicklungs-projekte
Großbritannien	2,4		Universität
Dänemark	1,9		Krankenhausbau in Lilongwe
Summe	16,3 = 65%		

Insgesamt   24,9 = *100%* **Schwerpunkte** (soweit zahlenmäßig nach-
         (1968: 65,8)   gewiesen):
                  Tedzani-Energieprojekt   *8,2 Mill. $ = 33%*
                  Universität   *2,4 Mill. $ = 10%*
                                                      43%

Geber	Betrag Mill. $	Konditionen	Zweck
I. Multilateral			
EWG	2,4		Trinkwasserversorgung Bamako
EWG	1,4		5. Jahresbeihilfe besonders für die Landwirtschaft
EWG	0,5		Tabakanbau am Oberlauf des Niger
EWG	0,4		Gesundheitswesen
UNDP/ILO	1,4		Entwicklung von Landwirtschaftsschulen
UNDP/ILO	0,9		Beratung der Staatseigenen Betriebe
UNDP/UNESCO	0,3		Lehrerausbildung
UNDP/UNICEF	0,2		Seuchenbekämpfung
Summe	7,5 = 37%		
II. Bilateral			
Frankreich	5,5		Budgethilfe, u. a. für Beamtengehälter
Frankreich	1,8		Allgemeine Förderung der Landwirtschaft
Frankreich	1,4		Neuanlage von 30 000 ha Erdnußplantagen
Frankreich	0,9		Baumwollanbau
Frankreich	0,6		Verschiedene Projekte
Frankreich	0,1		Erziehungswesen
	(10,3)		
BRD	1,6		Öl- und Seifenfabrik in Konlikoro
Sowjetunion	0,8		Zementwerk bei Kayes
Sowjetunion	0,2		Gesundheitswesen
Summe	12,9 = 63%		

Insgesamt 20,4 = *100%* **Schwerpunkte** (soweit zahlenmäßig nach-
(1968: 19,0) gewiesen):

Landwirtschaft	7,4 Mill. $ =	*37%*
Budgethilfe	5,5 Mill. $ =	*27%*
		64%

Geber	Betrag Mill. $	Konditionen	Zweck
I. Multilateral			
Weltbank	46,0	30 J., 9 Frj., 7%	Landw. Entwicklung der Rharb-Ebene, u. a. Bau des Indries-Damms, Bewässerung und Drainage, Straßenbau, Anlage von Verarbeitungsfabriken
Weltbank	7,3	20 J., 4 Frj., 7%	Straßenbauprogramm, u. a.
IDA	7,3	50 J., 10 Frj., 3/4%	172 km Agadir–Marrakech
UNDP/WHO	1,3		Studie zur Wasserwirtschaft
UNDP/UNESCO	0,8		Lehrerausbildung
UNDP/FAO	0,3		Studien zur Landwirtschaft im Sebou-Becken und im Westriff
Summe	63,0 = 65%		
II. Bilateral			
BRD	12,0	25 J., 2,5–3%	Entwicklung der Landwirtschaft und der Touristik
BRD	0,3		Aufstockung bisheriger Mittel zum Bau einer Zuckerfabrik
Frankreich	6,4		Zahlungsbilanzhilfe zum Ankauf französischer Erzeugnisse
Frankreich	4,4		Entwicklungshilfeprojekte [1]
USA	5,0	40 J., 10 Frj., 2–3%	Finanzierung der Einfuhr von US-Agrarerzeugnissen
USA	1,5	10 J., 3 Frj., 6,5%	Viehzucht in Provinz Meknes
Kanada	3,7		Landw. Entwicklung
Summe	33,3 = 35%		

Insgesamt	96,3 = 100%	**Schwerpunkte** (soweit zahlenmäßig nachgewiesen):	
	(1968: 146,2)	Rharb-Indries-Projekt	46,0 Mill. $ = *47%*
		Weitere landw. Förderung	17,5 Mill. $ = *18%*
		Straßenbau	14,6 Mill. $ = *15%*
		Einfuhrfinanzierung	11,4 Mill. $ = *12%*
			92%

---

[1] Zusätzlich 11,2 Mill. $ Privatkredit auf 5–8 J., garantiert durch COFACE.

Geber	Betrag Mill. $	Konditionen	Zweck
I. Multilateral			
IDA	3,0	50 J., 10 Frj., $3/4\%$	Ausbau des Straßennetzes
EWG/EIB	2,8	17 J., $3^1/_2$Frj., 1%	Ausbau der Hafenanlagen von Nouackchott
EWG/EEF	0,3		Neuanlage von 350 ha Reiskulturen am Senegal
EWG/EEF	0,2		Studie über Dammbauten
UNDP/FAO	1,0		Studie über Reisanbau und Zuckererzeugung im Gogol-Tal
UNDP	0,5		Lebensmittelhilfe für Dürre-Opfer im Gebiet Aleg-Rosso-Kaedi
UNDP	0,3		Erforschung der Mineralvorkommen
Summe	8,1 = 70%		
II. Bilateral			
BRD	1,9		Erweiterung des Fernmeldewesens
Frankreich	1,8		Vor allem Straßenbau
Summe	3,7 = 30%		

Insgesamt   11,8 = 100% **Schwerpunkte** (soweit zahlenmäßig nach-
   (1968: 38,8)   gewiesen):
   Straßenbau   etwa 4,8 Mill. $ = 40%
   Hafenanlagen   2,8 Mill. $ = 24%
   64%

Geber	Betrag Mill. $	Konditionen	Zweck
I. Multilateral	–,–		
II. Bilateral			
Großbritannien	2,4		Allgemeine Wirtschafts-entwicklung
Insgesamt	2,4		

Geber	Betrag Mill. $	Konditionen	Zweck
I. Multilateral	—,—		
II. Bilateral			
Südafrikanische Republik	ca. 17,0	Anleihe	Für Hafen- und Eisenbahnbauten
Portugal	14,0		Jahreszuschuß zum dritten Sechs-Jahres-Entwicklungsplan für 1968/73 u. a. für das Staudammprojekt Cabora Bassa
Summe	31,0 = 100%		

Insgesamt 31,0 = *100%* **Schwerpunkte** (siehe oben)
   (1968: 33,5)

Geber	Betrag Mill. $	Konditionen	Zweck
I. Multilateral			
EWG	3,7		Straßenbau
EWG	1,6		Städtische Wasserversorgung
EWG	0,6		Erweiterung der Verwaltungs-Akademie
EWG	0,3		Bewässerung im Nigertal
EWG	0,2		Bau von Getreidesilos
UN/WFP	0,3		Lebensmittelhilfe in Dürregebiete
Summe	6,7 = 43%		
II. Bilateral			
Frankreich	8,4		Diverse Entwicklungsprojekte
BRD	0,5		Errichtung von Viehtränken im Raum Agadez
USA	.		Getreidehilfe in Dürregebiete
Summe	8,9 = 57%		

Insgesamt   15,6 = *100%* **Schwerpunkte** (soweit zahlenmäßig nach-
           (1968: 18,1)   gewiesen):

Straßenbau   3,7 Mill. $ = *24%*

Städt. Wasserversorgung   1,6 Mill. $ = *10%*

                                                34%

Geber	Betrag Mill. $	Konditionen	Zweck
I. Multilateral			
Weltbank	10,6	15 J., 3 Frj., 7%	Straßenbauprogramm
Weltbank	6,0	16 J., $6,5\%$	Finanzierung privater Industrieunternehmungen über nigerian. Industrie-Entwicklungs-Bank
UNDP/ILO/FAO	0,6		Förderung des ländlichen Arbeitswesens im Weststaat
UNDP/UNESCO	0,4		Lehrer-Ausbildung
UNDP	0,3		Verwertung von Häuten und Fellen
Summe	17,9 = 40%		
II. Bilateral			
BRD	12,5		2. Abschnitt der Brücke von Lagos zum Festland
BRD	3,3		Ausbau des Stromverteilungsnetzes des Kainji-Kraftwerks
BRD	ca. 2,2		Ausbau des Telex-Netzes
USA	4,0	40 J., 10 Frj., $2–2^{1}/_{2}\%$	Wasserversorgung von Ibadan (2. Anleihe)
Großbritannien	2,8	25 J. zinsfrei	Ankauf britischer Erzeugnisse für Eisenbahn- und Fernmeldewesen
Kanada	2,1		Pflanzenschutz, geophysische Forschung, Schulwesen
Summe	26,9 = 60%		

Insgesamt 44,8 = 100% **Schwerpunkte** (soweit zahlenmäßig nachgewiesen):
(1968: 59,6)
Bauwesen 27,1 Mill. $ = 60%

Geber	Betrag Mill. $	Konditionen	Zweck
I. Multilateral			
Weltbank	11,0		Baumwollkultur in West-volta
UN/FAO	2,2		Lebensmittelhilfe für Siedlerfamilien im Tal von Kou
UN/UNDP	1,2		Erschließung von Manganerz-Vorkommen bei Ouagadougou
UN/UNDP	1,0		Studien zur Mineral-Erschließung im Nordosten
UN/UNDP	1,0		Landwirtschaftsschule in Martoukou
IDA	0,8	50 J., 10 Frj., $^{3}/_{4}$%	Erweiterung des Fernmeldewesens (1. Vergabe der Weltbankgruppe an Obervolta)
EWG/EEF	3,2		Straßenbau von Ouagadougou nach Kampala
EWG/EEF	2,1		Großschlachthof in Ouagadougou
Summe	22,5 = 82%		
II. Bilateral			
Frankreich	1,8		Allgemeine Budgethilfe
Frankreich	1,2		Landwirtschaftsschule
Frankreich	0,9		Straßenbau
Frankreich	0,5		Förderung der Landwirtschaft
Frankreich	0,4		Öffentliche Arbeiten
Frankreich	0,2		Forschungsinstitute
Summe	5,0 = 18%		

Insgesamt   27,5 = *100%*   **Schwerpunkte** (soweit zahlenmäßig nach-
        (1968: 12,2)   gewiesen):
                            Förderung der Land-
                            wirtschaft   15,9 Mill. $ = *57%*
                            Straßenbau   4,1 Mill. $ = *15%*
                                                   72%

Geber	Betrag Mill. $	Konditionen	Zweck
I. Multilateral			
EWG	1,0		Teeanbau
EWG	0,7		Pädagogisches Institut in Butaré
EWG	0,3		Hydroelektrische Anlage in Mukungwa
EWG	0,2		Pflanzungen in Malindi und Cyangugu
UNDP	1,3		Erschließung mineralischer Vorkommen
Summe	3,5 = 61%		
II. Bilateral			
BRD	1,2	zinsfrei	Infrastruktur
Belgien	0,5		Entwicklungsprojekte
USA	0,5		Straßenbau
Summe	2,2 = 39%		

Insgesamt 5,7 = 100% **Schwerpunkte** (soweit zahlenmäßig nach-
(1968: 5,1) gewiesen):
Erschließung mineralischer
Vorkommen   1,3 Mill. $ = 23%
Förderung der Land-
wirtschaft mindestens   1,2 Mill. $ = 21%
44%

Geber	Betrag Mill. $	Konditionen	Zweck
I. Multilateral			
IDA	6,0	50 J., 10 Frj., $3/4^0/0$ ⎱	Förderung der Erdnuß- und
Weltbank	3,5	30 J., 10 Frj., $6,5^0/0$ ⎰	Hirseerzeugung
EWG/EEF	7,0		Förderung der landwirtsch. Erzeugung (5. Jahresrate)
EWG/EEF	2,5		Intensivierung der Reis- und Baumwollerzeugung
UN/FAO	0,7		Milchwirtschaft
UNDP	0,3		Organisation der Verwaltung
Summe	20,0 = $89^0/0$		
II. Bilateral			
Frankreich	2,4	Zuschuß	Förderung der Landwirtschaft
Frankreich	1,1	Zuschuß	Forschungszuschuß für landwirtsch. Institute
Frankreich	0,6	Zuschuß	Ausrüstung der Fischerei
Frankreich	0,5	langfristig	Baumwollentkörnungsanlage in Tamba Kounda
Frankreich	0,1	Zuschuß	Förderung der französischen Sprache
Summe	4,7 = $11^0/0$		

Insgesamt   24,7 = $100^0/0$ **Schwerpunkt:** fast ausschließlich Landwirt-
        (1968: 44,3)   schaftsförderung

Geber	Betrag Mill. $	Konditionen	Zweck
I. Multilateral			
IDA	3,0	50 J., 10 Frj., $3/4\%$	Reform des höheren und des Berufsschulewesens
Afrikan. Entwicklungsbank	1,5	20 J.	Wasserversorgung
UNDP	0,6		Elektrizitätswirtschaft
UNDP	0,5		Reform des Schulwesens
Summe	5,6 = 39%		
II. Bilateral			
Großbritannien	4,2	25 J., 2 Frj., zinsfrei	Straßenbau
Großbritannien	0,2		Kauf britischer Erzeugnisse
BRD	3,8		Straßenbau
Kanada	0,6		Reform des Schulwesens
Summe	8,8 = 61%		

Insgesamt   14,4 = *100%* **Schwerpunkte** (soweit zahlenmäßig nach-
        (1968: 5,6)   gewiesen):

Straßenbau   8,0 Mill. $ = *60%*
Schulreform   4,1 Mill. $ = *30%*
                          90%

Geber	Betrag Mill. $	Konditionen	Zweck
I. Multilateral			
UNDP	1,7		Erforschung der Mineral-Vorkommen
UNDP	0,4		Landstraßenbau
IDA	0,6	10 J., 2 Frj., $3/4\,^0/_0$	Hafenplanung Mogadiscio
EWG/EEF	0,6		Pflanzgutbetrieb nebst Aus-bildung von Anbaukräften sowie Ausbildung von Vieh-zuchtkräften
EWG/EEF	0,1		Linderung der Hungersnot
Summe	3,4 = 40$^0/_0$		
II. Bilateral			
Italien	4,8		Förderung der Landwirt-schaft, u. a. Erweiterung der Zuckerproduktion
Summe	4,8 = 60$^0/_0$		

Insgesamt   8,2 = 100$^0/_0$ **Schwerpunkte** (soweit zahlenmäßig nach-
        (1968: 32,4)   gewiesen):
                             Förderung der
                             Landwirtschaft   5,4 Mill. $ = 63%
                             Erforschung der
                             Mineralvorkommen   1,7 Mill. $ = 20%
                                                          ─────────
                                                              83%

Geber	Betrag Mill. $	Konditionen	Zweck
I. Multilateral	—		
II. Bilateral			
Bulgarien	16,8	8 J., 2,5%	Vor allem für Landwirtschaft
Ver. Arab. Rep.	11,5		Trinkwasserversorgung und Straßenbau
Sowjetunion	11,2		Regulierung des Blauen Nil bei Rahad
Japan	11,0	15 J., 5 Frj., zinsfrei	Förderung der Landwirtschaft, besonders Projekt El Sonki
DDR	5,8		Lieferung an Sudan Railways
DDR	1,2		Lieferung von medizinischer Ausrüstung
Schweden	5,6	20 J., 2%	Förderung der Landwirtschaft
Großbritannien	0,5	25 J., 2 Frj., zinsfrei	Ankauf von 10 Dieselloks in Großbritannien
Summe	63,6 = 100%		

Insgesamt   63,6 = *100%* **Schwerpunkte** (soweit zahlenmäßig nach-
         (1968: 55,9)   gewiesen):
                 Förderung der
                 Landwirtschaft   *33,4* Mill. $ = *52%*
                 Nilregulierung   *11,2* Mill. $ = *17%*
                                                         69%

Geber	Betrag Mill. $	Konditionen	Zweck
I. Multilateral [1]			
IDA	5,0	50 J., 10 Frj., $^{3}/_{4}^{0}/_{0}$	Höheres Schulwesen (im Anschluß an eine Weltbankanleihe 1968)
UNDP/FAO	0,5		Verbesserung des Viehbestandes
UNDP/UNIDO	0,5		Industriestudien
Summe	6,0 = 43⁰/₀		
II. Bilateral			
Italien	5,2		Errichtung eines Flughafens am Kilimanscharo
Kanada	1,0		Topograph. Landesaufnahme
BRD	0,7	30 J., 8 Frj.	Technikum in Mwanza, Ingenieurfakultät Dar es Salaam, Fabrik für Jutesäcke
Niederlande	0,7	Schenkung	Ausbau des Fischereiwesens
Schweden	0,5		Hydroelektrische Studie für Kidatu
Summe	8,1 = 57⁰/₀		

Insgesamt   14,1 = 100⁰/₀ **Schwerpunkte** (soweit zahlenmäßig nach-
            (1968: 62,9)   gewiesen):

                          Flughafenanlage   5,2 Mill. $ = 37%
                          höheres Schulwesen   5,0 Mill. $ = 35%
                                                              72%

[1] Zusagen über Weltbank-, IDA- und Schwedenanleihen für Autostraße Tanzania–Zambia (zus. 30 Mill. $) bereits 1968 vermerkt.

Geber	Betrag Mill. $	Konditionen	Zweck
I. Multilateral			
EWG/EEF	3,3		Straßenbau Tsevié–Atakpamé (125 km)
EWG/EEF	2,2		Ölpalmenanbau auf 3000 ha in der Küstenregion
EWG/EEF	1,1		Fertigstellung der Straße Atakpamé–Badou
EWG/EEF	0,8		Entwicklung der Landwirtschaft in der Zentral- und »Plateaux«-Region
UNDP/FAO	0,9		Düngemittelherstellung
UNDP/FAO	0,8		Ländliche Entwicklungsarbeiten im Kara-Gebiet
Summe	9,1 = 58%		
II. Bilateral			
Frankreich	0,8		Straßenbau
Frankreich	0,8		Entwicklung des Savannengebiets
Frankreich	0,7		Krankenhaus in Atakpamé
Frankreich	2,5 (4,8)		Verschiedene Projekte
Kanada	2,5	50 J., 10 Frj., zinsfrei	Stromleitung im Anschluß an Elektrowerk Akosombo
BRD	1,0	2%	Hafenbau Lomé
BRD	0,1	Schenkung	Brückenbau
Summe	8,4 = 42%		

Insgesamt 17,5 = 100% (1968: 19,8)

Schwerpunkte (soweit zahlenmäßig nachgewiesen):

Entwicklung der Landwirtschaft	5,5 Mill. $ = 31%
Straßenbau	5,3 Mill. $ = 30%
Stromleitungsbau	2,5 Mill. $ = 14%
	75%

Geber	Betrag Mill. $	Konditionen	Zweck
I. Multilateral			
UN/WFP	1,3		Stabilisierung der Getreide-preise, Ernährungshilfe, landwirtschaftliches Aus-bildungswesen
UNDP/ILO	0,3		Entwicklung der Ouadei-region
EWG/EEF	0,5		Stützung der Baumwoll-preise (5. Tranche)
EWG/EEF	0,2		Klinik in Fort Lamy
Summe	2,3 = 28%		
II. Bilateral			
Frankreich	1,2		Allgemeine Budgethilfe
Frankreich	1,2		Trockenlegungen am Tschadsee
Frankreich	1,2		Schul- und Gesundheits-wesen
Frankreich	0,6		Wirtschaftliche Entwicklung des Gebiets von Mandone
Frankreich	0,4		Baumwollerzeugung im Süden des Landes
Frankreich	0,4		Förderung des Kaffee- und Kakaoanbaus
Frankreich	0,4		Ausbau eines Mädchen-Lyceums in Fort Lamy
Frankreich	0,3 (5,7)		Sonstige Projekte
BRD	0,3		Förderung der Textil-industrie
Summe	6,0 = **72%**		

Insgesamt   8,3 = *100%* **Schwerpunkte** (soweit zahlenmäßig nach-
       (1968: 15,2)   gewiesen):
                   Förderung der
                   Landwirtschaft   4,7 Mill. $ = *57%*
                   Budgethilfe   1,2 Mill. $ = *14%*
                                   71%

Geber	Betrag Mill. $	Konditionen	Zweck
I. Multilateral			
Weltbank	15,0	25 J., 5½ Frj., 6,5%	Staatliches Programm zur Wasserversorgung
Weltbank	10,0	15 J., 7%	An Société Nationale d'Investissement für Industrie und Fremdenverkehr
Weltbank	8,5	25 J., 4 Frj., 6,5%	Modernisierung der Eisenbahn
IDA	8,5	50 J., 10 Frj., ¾%	Modernisierung der Eisenbahn
IFC	8,0	»langfristig«	Entwicklung der Fremdenverkehrs-Einrichtungen
	1,5	Kapitalbeteilig.	
Weltbank	0,9	10 J., 2 Frj., 6,5%	Straßenbauplanung
UN/WFP [1]	1,9		Lebensmittelhilfe in Überschwemmungsgebiete
UNDP/ILO	1,0		Institut für Hotel- und Touristenpersonal in Monastir
UNDP/ILO	0,7		Institut für Werkzeugproduktion, Sousse
UNDP/ILO	0,5		Berufliches Ausbildungswesen
UNDP/FAO	0,4		Ausbildung von Landwirtschafts-Ingenieuren
UNDP/FAO	0,3		Verbesserung der Grundwassernutzung in Nord- und Zentraltunesien
Summe	57,2 = 29%		

[1] Die Zusage des WFP über 26,9 Mill. $ zur Entwicklung des landwirtschaftlichen Genossenschaftswesens bereits 1968 erfaßt.

(Fortsetzung S. 98)

Geber	Betrag Mill. $	Konditionen	Zweck
II. Bilateral			
Frankreich	16,5	Anleihen	Chemieprojekt in Ghannoush bei Gabes
Frankreich	12,0	Anleihe	Ankauf französischer Erzeugnisse
Italien	24,0		Beitrag zum Dreijahresplan
BRD	10,0	Anleihe	*davon*
			3,5 Mill. $ Dammbauten am Miljana-Fluß
			1,5 Mill. $ Flughafen Monastir
			1,2 Mill. $ Warenkredit
			3,8 Mill. $ sonstige Vorhaben
USA	6,2		Flugplatz in Tunis
USA	5,0		Ohne Projektbindung
Spanien	9,5		Lieferkredit, u. a. zur Beschaffung eines Tankers, eines Frachtschiffes und von 10 Fischdampfern
Kanada	9,3		Verschiedene, nicht bes. genannte Projekte einschl. technischer Hilfe
Schweden	5,0	50 J., 10 Frj., ³/₄⁰/₀	Wasserversorgung
Niederlande	4,7		davon 2,4 Mill. $ für Entwicklung der Landwirtschaft
Dänemark	2,0	25 J., 7 Frj.	Landwirtschaftsprojekt im Tal von Medjerdak
Summe	104,2 = 71⁰/₀		

Insgesamt 161,4 = *100⁰/₀* **Schwerpunkte** (soweit zahlenmäßig nach-
 (1968: 229,6) gewiesen):

Wasserversorgung	20 Mill. $ = *12%*
Modernisierung der Eisenbahn	17,0 Mill. $ = *10%*
Chemische Industrie	16,5 Mill. $ = *10%*
Fremdenverkehr (mind.)	10,5 Mill. $ = *6%*
Schiffahrt u. Fischerei	9,5 Mill. $ = *6%*
	44%

Geber	Betrag Mill. $	Konditionen	Zweck
I. Multilateral			
IDA	11,6	50 J., 10 Frj., $3/4\%$	Ausbau des Straßennetzes
UNDP/UNESCO	1,0		Institut für Wirtschaft und Statistik
UNDP/UNESCO	0,8		Technisches Institut in Kampala
Afrikan. Entwicklungsbank	0,1		Wasserversorgung
Summe	13,5 = 49%		
II. Bilateral			
Großbritannien	13,2	25 J. zinsfrei	Vor allem Straßenbau sowie Ausbau verschiedener Ausbildungsstätten
BRD	0,7		Div. industrielle und landwirtschaftliche Projekte
Summe	13,9 = 51%		

Insgesamt 27,4 = 100% **Schwerpunkte** (soweit zahlenmäßig nach-
(1968: 35,6) gewiesen):
Straßenbau etwa 20 Mill. $ = 73%

---

1 Die Zusage der Sowjetunion über 9 Mill. $ Kredit für die Errichtung einer Baumwollspinnerei in Lira bereits 1968 erfaßt.

Geber	Betrag Mill. $	Konditionen	Zweck
I. Multilateral			
IDA	26,0	50 J., 10 Frj., $^3/_4^0/_0$	Bewässerungs- u. Drainage-arbeiten in Unterägypten
Weltbank	14,0		Verbesserung des Eisen-bahnwesens
UN/FAO	45,0		Lebensmittelhilfe (d. größte Beitrag seit 7 Jahren)
UNDP/FAO	1,3		Förderung der Landwirt-schaft
UNDP/ITW	1,0		Institut für Fernmeldewesen
UN	0,8		Nationales Industriezentrum
UNDP/UNIDO	0,7		Textilinstitut in Alexandria
Summe	88,8 = 34$^0/_0$		
II. Bilateral			
Sowjetunion	110,0		Ausbau von Aluminium-, Phosphat-, Ferrosilicium-werken (Elektrizitätsbezug vom Assuan-Staudamm)
DDR	28,8		Förderung vor allem indu-strieller Projekte, vor allem Textilindustrie 7 Mill. $, Metallindustrie 3 Mill. $
Italien	20,0	Anleihe auf 3 J.	Weizen- und Mehllieferun-gen der ital. Regierung
Italien	4,0	9 J., 3,5$^0/_0$	Seekabelverbindung Italien–Ägypten
Dänemark	3,3	25 J., 7 Frj., zinsfrei	Förderung von Entwick-lungsprojekten und Einfuhr dänischer Erzeugnisse
Frankreich	2,0		Errichtung eines Erdöl-For-schungsinstituts
Summe	168,1 = 66$^0/_0$		

Insgesamt	256,9 = *100$^0/_0$*	**Schwerpunkte** (soweit zahlenmäßig nach-	
	(1968: 217,2)	gewiesen):	
		Ausbau der	
		Industrie mind.	153,0 Mill. $ = *57%*
		Lebensmittelhilfe	65,0 Mill. $ = *24%*
		Bewässerungs-arbeiten	26,0 Mill. $ = *10%*
			91%

Geber	Betrag Mill. $	Konditionen	Zweck
I. Multilateral			
Weltbank	17,4	25 J., 10 Frj., 6,5%	Höheres Schulwesen
Weltbank	5,3	25 J., 10 Frj., 7%	Ingenieur- und Lehrerausbildung
Weltbank	2,5	15 J., 5 Frj., 6,5%	Viehzucht und Milcherzeugung
UNDP/FAO	0,6		Verbesserung der Ernährung
UNDP/UNIDO	0,6		Förderung der Klein- und Mittelindustrie
Summe	26,4 = 58%		
II. Bilateral			
USA	2,3	8 J., 6%	Kohlenbergbau von Maamba
V.-Rep. China	16,8	zinsfrei	Straßenbau Lusaka–Mumba
Summe	19,1 = 42%		

Insgesamt   45,5 = 100% **Schwerpunkte** (soweit zahlenmäßig nach-
    (1968: 183,6)   gewiesen):

                         Ausbildungswesen   22,7 Mill. $ = *50%*
                         Straßenbau   16,0 Mill. $ = *37%*

                                                             87%

Zentralafrikanische Republik

Geber	Betrag Mill. $	Konditionen	Zweck
I. Multilateral			
IDA	4,2	50 J., 10 Frj., $3/4\%$	Autostraße Bangui–M'Baiki (erste Hilfe der Weltbankgruppe)
EWG	1,5		Binnenschiffahrt
EWG	0,4		Hafen von Nolar (Anlage der Kai-Mauer)
UNDP/WHO/ ILO	0,5		Sanitäre, auch Entwässerungsanlagen in Bangui
UN	0,2		Unterbringung von Sudanflüchtlingen
UN	0,2		Ausbildung landwirtschaftl. Handwerker
UNDP/FAO	0,1		Bekämpfung der Rinderpest
Summe	7,1 = 60%		
II. Bilateral			
Frankreich	2,1		Förderung der Landwirtschaft
Frankreich	0,8		Straßenbau und Flugplatz Bangui
Frankreich	0,3		Ausbildungswesen
Frankreich	0,1		Seuchenbekämpfung
BRD	1,5		Finanzierung von Flußschiffen zur Holzabfuhr
Summe	4,8 = 40%		

Insgesamt 11,9 = 100% **Schwerpunkte** (soweit zahlenmäßig nach-
(1968: 8,5) gewiesen):

Verkehrswesen 8,4 Mill. $ = *71%*

Förderung der
Landwirtschaft 2,3 Mill. $ = *19%*

90%

	Geber	Mill. $	Zweck
1. Ostafrikanische Gemeinschaft	Weltbank	42,4 [1]	Ausbau des Eisenbahn- wesens
Ostafrikanische Gemeinschaft	Weltbank	35,0 [2]	Hafenbauten in Mombassa und Dar es Salaam
Ostafrikanische Gemeinschaft	Weltbank	15,0 [3]	Post- und Fernmeldewesen
Ostafrikanische Gemeinschaft	USA	0,4 (92,8)	Landwirtschaftliche For- schung
2. EWG assoziierte Staaten	EWG	1,9	Ausbildungsstipendien
3. Botswana, Lesotho, Swaziland	UNDP	0,5	Ausbildungsprogramm für Hochschullehrer (in Verbin- dung mit UNESCO)

Insgesamt   95,2
(1968: 9,6)

---

[1] Auf 25 J. zu 7%.
[2] Auf 25 J., 3 Frj., 6,5%.
[3] Zu 0,75%.

III. Zusammenfassende Übersicht nach Geber- und Empfängerländern für 1969 und 1968

Zusagen für öffentliche Entwicklungshilfe an afrikanische Länder und Gebiete nach Gebern und Empfängern 1969
in Mill. $

Empfänger	I. Multilateral				II. Bilateral								Gesamt-betrag
					a) Mitglieder der OECD						b) Sino-Sowjet-Block	Ins-gesamt	
	Welt-bank-gruppe	UN-Be-reich	EWG	Ins-gesamt	BRD	Frank-reich	Groß-britan-nien	USA	andere	Zu-sam-men			
I. Der EWG assoziiert[1]:													
Burundi	1,8	1,8	4,1	7,7	0,2	.	—	.	.	0,2	.	0,2	7,9
Dahomey	4,6	2,8	0,9	8,3	0,5	6,8	—		3,4	10,7		10,7	19,0
Elfenbeinküste	28,1	6,6	16,1	50,8	3,4	8,8	—	•	2,0	14,2		14,2	65,0
Gabun	6,0	1,0	5,3	12,3	.	14,3	—			14,3		14,3	26,6
Kamerun	25,4	2,9	26,7	55,0	3,6	9,9	—	10,2	0,9	24,6		24,6	79,6
Kongo-Brazzaville	0,6		12,5	13,1		2,4	—			2,4	12,0	14,4	27,5
Kongo-Kinshasa	6,3	4,0	19,4	29,7	3,5	0,3	—	2,8	0,8	7,4		7,4	37,1
Madagaskar	2,8	3,1	12,3	18,2	1,4	3,8	—	2,7	6,0	13,9		13,9	32,1
Mali	.	2,8	4,7	7,5	1,6	10,3	—			11,9	1,0	12,9	20,4
Mauretanien	3,0	1,8	3,3	8,1	1,9	1,8	—			3,7		3,7	11,8
Niger	.	0,3	6,4	6,7	0,5	8,4	—			8,9		8,9	15,6
Obervolta	11,8	5,4	5,3	22,5		5,0	—			5,0		5,0	27,5
Ruanda	.	1,3	2,2	3,5	1,2		—	0,5	0,5	2,2		2,2	5,7
Senegal	9,5	1,0	9,5	20,0		4,7	—			4,7		4,7	24,7
Somalia	0,6	2,1	0,7	3,4			—		4,8	4,8		4,8	8,2
Togo	.	1,7	7,4	9,1	1,1	4,8	—		2,5	8,4		8,4	17,5
Tschad	.	1,6	0,7	2,3	0,3	5,7	—			6,0		6,0	8,3
Zentralafrikanische Rep.	4,2	1,0	1,9	7,1	1,5	3,3	—			4,8		4,8	11,9
Gesamtheit der assoz. Länder			1,9	1,9									1,9
Summe I	104,7	41,2	141,3	287,2	20,7	90,3	—	16,2	20,9	148,1	13,0	161,1	448,3

106

| Geber → Empfänger | I. Multilateral | | | | II. Bilateral | | | | | | | | Gesamt-betrag |
| | Welt-bank-gruppe | UN-Be-reich | EWG | Ins-gesamt | a) Mitglieder der OECD | | | | | Zu-sam-men | b) Sino-Sowjet-Block | Ins-gesamt | |
					BRD	Frank-reich	Groß-britan-nien	USA	andere				
II. Mitglieder des Commonwealth													
Botswana	2,5	0,4	—	2,9	.	—	11,8	.	.	11,8	.	11,8	14,7
Gambia	.	0,4	—	0,4	.	—					.		0,4
Ghana	12,3	1,4	—	13,7	7,2	—	9,6	14,4	15,6	46,8	.	46,8	60,5
Lesotho	.	1,6	—	1,6	.	—	9,6	.	.	9,6	.	9,6	11,2
Malawi	5,2	0,4	—	8,6 [?]	.	—	14,4	.	1,9	16,3	.	16,3	24,9
Mauritius	.	.	—	.	.	—	2,4	.	.	2,4	.	2,4	2,4
Nigeria	16,6	1,3	—	17,9	18,0	—	2,8	4,0	2,1	26,9	.	26,9	44,8
Rhodesien	.	.	—	.	.	—	.	.	.	.	.	.	.
Sierra Leone	3,0	1,1	—	5,6 [3]	3,8	—	4,4	.	0,6	8,8	.	8,8	14,4
Swaziland	.	0,5 [4]	—	0,5	.	—	.	.	.	.	.	.	0,5
Zambia	25,2	1,2	—	26,4	.	—	.	2,3	.	2,3	16,8	19,1	45,5
Ostafrikan. Gemeinsch.	92,4	.	—	92,4	.	—	.	0,4	.	0,4	.	0,4	92,8
Kenya	26,1	2,5	—	28,6	8,6	—	.	.	0,7	9,3	.	9,3	37,9
Tanzania	5,0	1,0	—	6,0	0,7	—	.	.	7,4	8,1	.	9,3	14,1
Uganda	11,6	1,8	—	13,5 [5]	0,7	—	13,2	.	.	13,9	.	13,9	27,4
Summe II	199,9	13,6	—	218,1	39,0	—	68,2	21,1	28,3	156,6	16,8	173,4	391,5
III. Andere Staaten und Gebiete													
Nordafrika													
Algerien	.	8,3	—	8,3	.	.	.	.	0,5	0,5	.	0,5	8,8
Libyen	.	.	.	.	.	.	.	.	.	.	.	.	8,8

107

Empfänger	Geber: I. Multilateral				II. Bilateral — a) Mitglieder der OECD						b) Sino-Sowjet-Block	Ins-gesamt	Gesamt-betrag
	Welt-bank-gruppe	UN-Be-reich	EWG	Ins-gesamt	BRD	Frank-reich	Groß-britan-nien	USA	andere	Zu-sam-men			
Marokko	60,6	2,4	—	63,0	12,3	10,8		6,5	3,7	33,3		33,3	96,3
Sudan			—				0,5		16,6	17,1	35,0	63,6[6]	63,6
Tunesien	52,4	4,8	—	57,2	10,0	28,5		11,2	54,5	104,2		104,2	161,4
Ver. Arab. Republik	40,0	48,8	—	88,8		2,0			27,3	29,3	138,8	168,1	256,9
Äquatorial-Guinea									6,0	6,0		6,0	6,0
Äthiopien	31,1	1,2	—	32,3				17,5	4,5	22,0		22,0	54,3
Afar und Issa													
Guinea		2,1	—	2,1	0,3			7,5		7,8	81,0	88,8	90,9
Komoren													
Liberia	3,6	2,8	—	7,7[7]			0,1			0,1		0,1	7,8
Portug. Überseeprov.													
Angola									12,0	12,0		26,0[8]	26,0
Mozambique									14,0	14,0		31,0[9]	31,0
Summe III	187,7	70,4	—	259,4	22,6	41,3	0,6	42,7	139,1	246,3	254,8	543,6	803,0
IV. Afrika insgesamt (Summe I–III)	492,3	125,2	141,3	764,7	82,3	131,6	68,8	80,0	188,3	551,0	284,6	878,1	1642,8

1 Im Abkommen von Yaoundé.
2 Einschließlich 3 Mill. $ der Afrikanischen Entwicklungsbank.
3 Einschließlich 1,5 Mill. $ der Afrikanischen Entwicklungsbank.
4 Gemeinsam mit Botswana und Lesotho.
5 Einschließlich 0,1 Mill. $ der Afrikanischen Entwicklungsbank.
6 Einschließlich 11,5 Mill. $ aus Vereinigter Arabischer Republik.
7 Einschließlich 1,3 Mill. $ der Afrikanischen Entwicklungsbank.
8 Einschließlich 14 Mill. $ aus Südafrikanischer Republik.
9 Einschließlich 17 Mill. $ aus Südafrikanischer Republik.

Zusagen für öffentliche Entwicklungshilfe an afrikanische Länder und Gebiete nach Gebern und Empfängern 1968
in Mill. $

Geber / Empfänger	I. Multilateral				II. Bilateral									Gesamt-betrag
					a) Mitglieder der OECD						b) Sino-Sowjet-Block	Ins-gesamt		
	Welt-bank-gruppe	UN-Be-reich	EWG	Ins-gesamt	BRD	Frank-reich	Groß-britan-nien	USA	andere	Zu-sam-men				
I. Der EWG assoziiert[1]:														
Burundi	.	1,2	0,6	1,8	0,1	0,1	—	.	1,6	1,8	.	1,8	3,6
Elfenbeinküste	5,8	6,7	1,0	13,5	8,3	29,0	—	36,5	35,4	109,2	.	110,3[2]	123,8
Dahomey	.	3,2	3,5	6,7	.	0,9	—	.	.	0,9	.	0,9	7,6
Gabun	1,8	1,3	17,3	20,4	1,5	23,2	—	.	0,5	24,7	.	24,7	45,1
Kamerun	1,1	2,8	23,7	27,6	.	6,9	—	16,1	.	23,5	.	23,5	51,1
Kongo-Brazzaville	.	2,9	3,6	6,5	.	2,2	—	.	.	2,2	1,4	3,6	10,1
Kongo-Kinshasa	.	0,9	11,4	12,3	2,5	.	—	17,4	.	17,4	.	17,4	29,7
Madagaskar	8,0	4,2	14,7	26,9	0,6	4,9	—	0,1	.	7,5	.	7,5	34,4
Mali	.	2,2	13,7	15,9	0,7	2,5	—	.	.	3,1	.	3,1	19,0
Mauretanien	20,0	.	13,8	33,8	0,7	4,3	—	.	.	5,0	.	5,0	38,8
Niger	6,1	1,6	3,7	11,4	.	6,0	—	.	.	6,7	.	6,7	18,1
Obervolta	.	1,8	4,5	6,3	.	5,9	—	.	.	5,9	.	5,9	12,2
Ruanda	.	.	2,6	2,6	.	.	—	.	2,5	2,5	.	2,5	5,1
Senegal	.	4,3	19,3	23,6	8,7	1,7	—	5,0	5,3	20,7	.	20,7	44,3
Somalia	2,3	1,0	17,2	20,5	5,3	.	—	.	5,0	10,3	1,6	11,9	32,4
Togo	3,7	5,3	5,9	14,9	0,6	4,3	—	.	.	4,9	.	4,9	19,8
Tschad	5,9	1,5	5,4	12,8	1,4	1,0	—	.	.	2,4	.	2,4	15,2
Zentralafrikanische Rep.	.	0,8	4,5	5,3	1,4	1,4	—	0,4	.	3,2	.	3,2	8,5
Gesamtheit der assoz. Länder	.	.	4,9	4,9	.	.	—	.	.	.	.	.	4,9
Summe I	54,7	41,7	171,3	267,7	31,8	94,3	—	75,5	50,3	251,9	3,0	256,0	523,7

109

Empfänger	I. Multilateral Weltbank-gruppe	UN-Be-reich	EWG	Ins-gesamt	II. Bilateral a) Mitglieder der OECD BRD	Frank-reich	Groß-britannien	USA	andere	Zu-sammen	b) Sino-Sowjet-Block	Ins-gesamt	Gesamt-betrag
II. Mitglieder des Commonwealth													
Botswana	.	2,5	—	2,5	.	—	12,0	.	.	12,0	.	12,0	14,5
Gambia			—			—	7,7			7,7		7,7	7,7
Ghana	10,0	1,9	—	11,9	8,6	—	9,3	34,2	26,8	78,9	.	78,9	90,8
Lesotho	.		—			—							
Malawi	24,8	0,7	—	25,5	2,5	—	12,0	.	0,1	14,6	.	40,3 ³	65,8
Mauritius	.		—			—							
Nigeria	14,5	8,5	—	23,0	.	—	28,5	7,5	.	36,0	0,6	36,6	59,6
Rhodesien	.		—			—							
Sierra Leone	3,9		—	3,9		—	1,3	0,4		1,7		1,7	5,6
Swaziland	.		—			—	7,2			7,2		7,2	7,2
Zambia	16,0	4,7	—	20,7	.	—	66,5	15,0	28,0	109,5	.	162,9 ⁴	183,6
Ostafrikan. Gemeinsch.	.	1,5	—	1,5		—							1,5
Kenya	16,4	2,3	—	18,7	2,8	—	18,4	3,4	15,0	39,6	.	39,6	58,3
Tanzania	27,3	1,7	—	29,0	4,6	—	.	13,8	14,7	33,1	0,8	33,9	62,9
Uganda	3,0	1,1	—	4,3 ⁵	1,4	—	13,0	4,7	2,7	21,8	9,5	31,3	35,6
Summe II	115,9	24,9	—	141,0	19,9	—	175,9	79,0	87,3	362,1	10,9	452,1	593,1
III. Andere Staaten und Gebiete													
Äquatorial-Guinea	.	.	.	.	.	.	.	.	.	.	.	.	.
Äthiopien	21,2	7,6	.	28,8	6,9		.	.	17,0	23,9	9,6	33,5	62,3
Afar und Issa	.	.	1,2	1,2	.		.	.	.	.	.	.	1,2

Empfänger	Geber I. Multilateral — Weltbankgruppe	UN-Bereich	EWG	Insgesamt	II. Bilateral a) Mitglieder der OECD — BRD	Frankreich	Großbritannien	USA	andere	Zusammen	b) Sino-Sowjet-Block	Insgesamt	Gesamtbetrag
Algerien	.	17,2	.	17,2	.	1,0	.	.	14,0	15,0	.	15,0	32,2
Guinea	64,5	.	.	64,5	0,9	.	.	21,0	.	21,9	.	21,9	86,4
Komoren	.	.	1,8	1,8	.	.	.	.	.	.	.	.	1,8
Liberia	.	2,5	.	2,5	.	.	.	0,5	.	0,5	.	0,5	3,0
Libyen	.	.	.	.	.	.	.	.	.	.	.	.	.
Marokko	15,0	16,6	.	31,6	9,4	.	.	37,9	13,3	60,6	54,0	114,6	146,2
Portug. Überseeprov.													
Angola	.	.	.	.	.	.	.	.	12,0	12,0	.	26,0[6]	26,0
Mozambique	.	.	.	.	.	.	.	.	16,5	16,5	.	33,5[7]	33,5
Sudan	37,5	2,7	.	40,2	.	.	0,7	.	.	0,7	.	15,7[8]	55,9
Tunesien	8,5	40,0	.	53,9[9]	.	80,0	.	10,0	32,4	133,7	22,0	175,7[10]	229,6
Ver. Arab. Republik	.	11,2	.	11,2	.	.	.	.	.	.	206,0	206,0	217,2
Senegalbecken[11]	.	2,8	.	2,8	.	.	.	.	.	.	.	.	2,8
Afrik. Länder insges.	.	0,4	.	0,4	.	.	.	.	.	.	.	.	0,4
Summe III	146,7	101,0	3,0	256,1	28,5	81,0	0,7	69,4	105,2	284,8	291,6	642,4	898,5
IV. Afrika insgesamt (Summe I–III)	317,3	167,6	174,3	664,8	80,2	175,3	176,6	223,9	242,8	898,8	305,5	1350,5	2015,3

1 Im Abkommen von Yaoundé.
2 Einschließlich 1,1 Mill. $ aus Israel.
3 Einschließlich 25,7 Mill. $ aus Südafrikanischer Republik.
4 Einschließlich 53,4 Mill. $ aus Jugoslawien.
5 Einschließlich 0,2 Mill. $ von Afrikanischer Entwicklungsbank.
6 Einschließlich 14,0 Mill. $ aus Südafrikanischer Republik.

7 Einschließlich 17,0 Mill. $ aus Südafrikanischer Republik.
8 Einschließlich 15,0 Mill. $ aus Saudi-Arabien.
9 Einschließlich 5,4 Mill. $ von Afrikanischer Entwicklungsbank.
10 Einschließlich 20,0 Mill. $ aus Jugoslawien.
11 Guinea, Mali, Mauretanien, Senegal.

Übersicht über das Afrika-Forschungsprogramm des Ifo-Instituts für Wirtschaftsforschung, München

A. In der Reihe »Afrika-Studien«

Bereits erschienen:

(Nr. 1–18 im Springer-Verlag, Berlin – Heidelberg – New York; Nr. 19 ff. im Weltforum-Verlag, München)

Nr. 1 **Entwicklungsbanken und -gesellschaften in Tropisch-Afrika**
Von Naseem Ahmad und Ernst Becher, 1964, 86 Seiten, DM 12,–

Nr. 2 **Agricultural Development in Tanganyika**
Von Hans Ruthenberg, 1964, 212 Seiten, DM 28,–

Nr. 3 **Volkswirtschaftliche Gesamtrechnung in Tropisch-Afrika**
Von Rolf Güsten und Helmut Helmschrott, 1965, 69 Seiten,
DM 11,40

Nr. 4 **Beiträge zur Binnenwanderung und Bevölkerungsentwicklung in Liberia**
Von Hans W. Jürgens, 1965, 104 Seiten, DM 13,50

Nr. 5 **Die sozialwissenschaftliche Erforschung Ostafrikas 1954–1963**
Von Angela Molnos, 1965, 304 Seiten, DM 43,–

Nr. 6 **Die politische und wirtschaftliche Rolle der asiatischen Minderheit in Ostafrika**
Von Indira Rothermund, 1965, 75 Seiten, DM 11,20

Nr. 7 **Die Bodenrechtsreform in Kenya**
Von Hanfried Fliedner, 1965, 136 Seiten, DM 18,–

Nr. 8 **Besteuerung und wirtschaftliche Entwicklung in Ostafrika**
Von Lübbe Schnittger, 1966, 216 Seiten, DM 31,–

Nr. 9 **Problems of Economic Growth and Planning: The Sudan Example**
Von Rolf Güsten, 1966, 74 Seiten, DM 13,50

Nr. 10 **African Agricultural Production Development Policy in Kenya 1952–1965**
Von Hans Ruthenberg, 1966, 180 Seiten, DM 27,–

Nr. 11 **Bodennutzung und Viehhaltung in Sukumaland/Tanzania**
Von Dietrich von Rotenhan, 1966, 131 Seiten, DM 24,–

Nr. 12 **Die moderne Bodengesetzgebung in Kamerun 1884–1964**
Von Heinrich Krauss, 1966, 156 Seiten, DM 24,–

Nr. 13 **Sisal in Ostafrika – Untersuchungen zur Produktivität und Rentabilität in der bäuerlichen Wirtschaft**
Von Hermann Pössinger, 1967, 172 Seiten, DM 28,80

Nr. 14 **Probleme der Auftrags-Rinderhaltung durch Fulbe-Hirten (Peul) in Westafrika**
Von Julius O. Müller, 1967, 124 Seiten, DM 19,50

Nr. 15 **Das Genossenschaftswesen in Tanganyika und Uganda – Möglichkeiten und Aufgaben**
Von Margarete Paulus, 1967, 156 Seiten, DM 26,–

Nr. 16 **Gabun – Geschichte, Struktur und Probleme der Ausfuhrwirtschaft eines Entwicklungslandes**
Von Hans-Otto Neuhoff, 1967, 273 Seiten, DM 39,–

Nr. 17 **Kontinuität und Wandel in der Arbeitsteilung bei den Baganda**
Von Jürgen Jensen, 1967, 297 Seiten, DM 39,–

Nr. 18 **Der Handel in Tanzania**
Von Werner Kainzbauer, 1968, 239 Seiten, DM 40,–

Nr. 19 **Probleme der landwirtschaftlichen Entwicklung im Küstengebiet Ostafrikas**
Von Sigmar Groeneveld, 1967, 124 Seiten, DM 18,–

Nr. 20 **Die Geld- und Banksysteme der Staaten Westafrikas**
Von Heinz-Günter Geis, 1967, 428 Seiten, DM 54,–

Nr. 21 **Der Verkehrssektor in der Entwicklungspolitik – unter besonderer Berücksichtigung des afrikanischen Raumes**
Von G. Wolfgang Heinze, 1967, 324 Seiten, DM 42,–

Nr. 22 **Ukara – Ein Sonderfall tropischer Bodennutzung im Raum des Victoria-Sees. Eine wirtschaftsgeographische Studie**
Von Heinz Dieter Ludwig, 1967, 251 Seiten, DM 42,–

Nr. 23 **Angewandte Bildungsökonomik – Das Beispiel des Senegal**
Von Werner Clement, 1967, 224 Seiten, DM 32,–

Nr. 24 **Smallholder Farming and Smallholder Development in Tanzania – Ten Case Studies –**
Sammelband, herausgegeben von Hans Ruthenberg, 1968, 360 Seiten, DM 38,–

Nr. 25 **Bauernbetriebe in tropischen Höhenlagen Ostafrikas. Die Usambara-Berge im Übergang von der Subsistenz- zur Marktwirtschaft**
Von Manfred Attems, 1968, 168 Seiten, DM 18,–

Nr. 26 **Attitudes towards Family Planning in East Africa**
Von Angela Molnos, 1968, 414 Seiten, DM 48,–

Nr. 27 **Bäuerliche Produktion unter Aufsicht am Beispiel des Tabakanbaus in Tanzania. Eine sozialökonomische Studie**
Von Walter Scheffler, 1968, 184 Seiten, DM 26,–

Nr. 28 **The Kilombero Valley/Tanzania: Characteristic Features of the Economic Geography of a Semihumid East African Flood Plain and its Margins**
Von Ralph Jätzold und Eckhard Baum, 1968, 147 Seiten, DM 30,–

Nr. 29   **Untersuchungen zur Binnenwanderung in Tanzania**
Von Hans W. Jürgens, 1968, 166 Seiten, DM 22,—

Nr. 30   **Studies in the Staple Food Economy of Western Nigeria**
Von Rolf Güsten, 1968, 311 Seiten, DM 38,—

Nr. 31   **Landwirtschaftliche Entwicklung in Angola und Moçambique**
Von Hermann Pössinger, 1968, 284 Seiten, DM 40,—

Nr. 32   **Rural Economic Development in Zambia, 1890—1964**
Von J. A. Hellen, 1969, 328 Seiten, DM 44,—

Nr. 33   **Small Farm Credit and Development
— Some Experiences in East Africa —**
Von Joseph Vasthoff, 1969, 144 Seiten, DM 24,—

Nr. 34   **Crafts, Small-Scale Industries and Industrial Education in Tanzania**
Von K. Schädler, 1969, 265 Seiten, DM 38,—

Nr. 35   **Das Bankwesen in Ostafrika**
Von E.-J. Pauw, 1969, 278 Seiten, DM 44,—

Nr. 36   **Neuordnung der Bodennutzung in Ägypten** (drei Fallstudien)
Von El-Shagi El-Shagi, 1969, 175 Seiten, DM 30,—

Nr. 37   **Energy Supply and Economic Development in East Africa**
Von H. Amann, 1969, 254 Seiten, DM 38,—

Nr. 38   **Die afrikanischen Siedler im Projekt Urambo/Tanzania:
Probleme der Lebensgestaltung**
Von Axel von Gagern, 1969, 150 Seiten, DM 24,—

Nr. 39   **Bewässerungslandwirtschaft in Kenya — Darstellung grundsätzlicher Zusammenhänge an Hand einer Fallstudie: das Mwea Irrigation Settlement**
Von R. Golkowsky, 1969, 149 Seiten, DM 28,—

Nr. 40   **Wirtschaftsstatistik in Entwicklungsländern, dargestellt am Beispiel Ugandas**
Von H. Hieber, 1969, 244 Seiten, DM 38,—

Nr. 41   **Die Entwicklungsbedingungen Ugandas. Ein Beispiel für die Probleme afrikanischer Binnenstaaten**
Von W. Fischer, 1969, 274 Seiten, DM 46,—

Nr. 42   **Investigations into Health and Nutrition in East Africa**
Von H. Kraut/H.-D. Cremer und Mitarb., 1969, 342 Seiten, DM ca. 52,—

Nr. 43   **Der ostafrikanische Industriearbeiter zwischen Shamba und Maschine**
Untersuchungen über den personalen und sozialen Wandel in Ostafrika
Von O. Neuloh und Mitarb., 1969, 440 Seiten, DM 68,—

Nr. 44   **Die Reiskultur in Westafrika. Verbreitung und Anbauformen**
Von B. Mohr, 1969, 163 Seiten, DM 34,—

Nr. 45 **Struktur und Wachstum der Textil- und Bekleidungsindustrie in Ostafrika**
Von H. Helmschrott, 1969, 130 Seiten, DM 26,—

Nr. 46 **Sozialer Wandel in Kiteezi/Buganda, einem Dorf im Einflußbereich der Stadt Kampala** (Uganda)
Von E. C. Klein, 1969, 160 Seiten, DM 34,—

Nr. 47 **Balance of Payments Problems in a Developing Country: Tanzania**
Von M. Yaffey, 1970, 290 Seiten, DM 48,—

Nr. 48 **Futterpflanzen der Sahel-Zone Afrikas**
Fodder Plants in the Sahel Zone of Africa
Plantes Fourragères de la Zone Sahélienne d'Afrique
(getrennte Ausgaben in deutscher, englischer und französischer Sprache)
Von R. Bartha, 1970, 306 Seiten, DM 74,—

Nr. 49 **Status and Use of African Lingua Francas**
Von B. Heine, 1970, 206 Seiten, ca. DM 32,—

Nr. 50 **Kulturwandel und Angstentwicklung bei den Yoruba Westafrikas**
Von Staewen/Schönberg, 1970, 434 Seiten, DM 68,—

Nr. 52 **Planning Processes. The East African Case**
Von R. Vente, 1970, 233 Seiten, DM 42,—

Nr. 54 **Deutsch-Ostafrika 1900–1914 – eine Studie über Verwaltung, Interessengruppen und wirtschaftliche Erschließung**
Von D. Bald, 1970, 238 Seiten, ca. DM 48,—

Im Druck:

Nr. 51 **Production and Distribution in East Africa (Sammelband)**
Hrsg. P. Zajadacz

Nr. 53 **Financial Aspects of Development in East Africa (Sammelband)**
Hrsg. P. v. Marlin

Nr. 55 **Public Administration in Tanzania**
Von K. v. Sperber

Nr. 56 **Rechtspluralismus in Malawi**
Von F. v. Benda-Beckmann

B. In der Sonderreihe »Information und Dokumentation« der »Afrika-Studien«

Bereits erschienen:

Nr. 1 **Afrika-Vademecum (Grunddaten zur Wirtschaftsstruktur und Wirtschaftsentwicklung Afrikas)**
(Inhaltsverzeichnis und Tabellenüberschriften in deutscher, englischer und französischer Sprache)
Bearb. von Fritz H. Betz, 1968, 163 Seiten, 81 Tabellen, 12 Schaubilder, 8 Karten, DM 16,—

Nr. 2 **Entwicklungsbanken und -gesellschaften in Afrika**
(Grunddaten zu 95 afrikanischen Finanzierungs-Institutionen)
Bearb. von H. Harlander / D. Mezger, 1969, 211 Seiten, DM 26,–

Nr. 3 **Entwicklungshilfe an Afrika**
(Ein statistisches Kompendium mit Karten, Schaubildern und er-
läuterndem Text)
Bearb. von Fritz H. Betz, 1970, 121 Seiten, DM 16,–

C. Afrika-Forschungsberichte (als Manuskript vervielfältigt)

Bereits erschienen:

(direkt zu beziehen über die Afrika-Studienstelle des Ifo-Instituts für
Wirtschaftsforschung München, Ausgaben ab 1968 über den Weltforum-
Verlag, München).

Wirtschaftsplanung und Entwicklungspolitik in Tropisch-Afrika
Von N. Ahmad/E. Becher/E. Harder, 1965, 283 Seiten (vergriffen)

The Human Factor in the Development of the Kilombero Valley
Von O. Raum, 1965, 56 Seiten (vergriffen)

**Die EWG-Marktordnungen für Agrarprodukte und die Entwicklungs-
länder**
Von H. Klemm und P. v. Marlin, 1965, 97 Seiten (vergriffen)

**Der Ackerbau auf der Insel Madagaskar unter besonderer Berücksichti-
gung der Reiskultur**
Von Alfred H. Rabe, 1965, 346 Seiten

**The Impact of External Economic Relations on the Economic Develop-
ment of East Africa**
Von P. v. Marlin, 1966, 110 Seiten (vergriffen)

**Wirtschaftsforschung in Tropisch-Afrika. Ergebnisse einer Informations-
reise im April und Mai 1966 nach Ägypten, Äthiopien, Kenya, Uganda,
Tanzania, Malawi, Zambia, Kongo (Kinshasa), Nigeria, Ghana und
Senegal**
Von Hildegard Harlander, 1966, 193 Seiten

**Studie zur Entwicklungshilfe des Staates Israel an Entwicklungsländer.
Unter besonderer Berücksichtigung Ost-Afrikas**
Von F. Goll, 1967, 189 Seiten

Die Wirtschaft Südwestafrikas, eine wirtschaftsgeographische Studie
Von Axel J. Halbach, 1967, 210 Seiten (vergriffen)

Co-operative Farming in Kenya and Tanzania
Von Nikolaus Newiger, 1967, 157 Seiten (vergriffen)

**Wildschutz und Wildtiernutzung in Rhodesien und im übrigen südlichen
Afrika**
Von Wolfgang Erz, 1967, 97 Seiten (vergriffen)

Zoologische Studien im Kivu-Gebiet (Kongo-Kinshasa)
Von Fritz Dieterlen und Peter Kunkel, 1967, 138 Seiten

Wirtschaftswissenschaftliche Veröffentlichungen über Ostafrika in englischer Sprache. Eine Bibliographie des neueren englischsprachigen Schrifttums mit Inhaltsangaben
Von Dorothea Mezger und Eleonore Littich, 1967, 383 Seiten

Problèmes de l'élevage contractuel des bovins par les pasteurs Foulbe (Peulh) en Afrique occidentale
Von J. O. Müller, 1967, 187 Seiten

Examination of the Physical Development of Tanzanian Youth
Von H. W. Jürgens, 1967, 152 Seiten (vergriffen)

The Chemical and Allied Industries in Kenya
Von Hans Reichelt, 1967, 182 Seiten (vergriffen)

Die Organisation der Bodennutzung im Kilombero-Tal/Tanzania
Von Eckhard Baum, 1967, 150 Seiten

Die Organisation der Milchmärkte Ostafrikas
Von Helmut Klemm, 1967, 164 Seiten

Pflanzenökologische Untersuchungen im Masai-Land Tanzanias
Von H. Leippert, 1968, 184 Seiten, DM 18,–

Manufacturing and Processing Industries in Tanzania
Von Karl Schädler, 1969, 55 Seiten

Luftbildauswertung in Ostafrika (Versuch einer Bestandsaufnahme)
Von K. Gerresheim, 1968, 225 Seiten, DM 18,–

Agricultural Development in Malawi
Von H. Dequin, 1969, 248 Seiten, DM 24,–

Die Entwicklungshilfe an Afrika – unter besonderer Berücksichtigung Ostafrikas
Von K. Erdmann, 1969, 185 Seiten

Vegetable Cultivation in Tropical Highlands: The Kigezi Example (Uganda)
Von F. Scherer, 1969, 217 Seiten

Volkswirtschaftliche Bedeutung, Umfang, Formen und Entwicklungsmöglichkeiten des privaten Sparens in Ostafrika
Von G. Hübner, 1970, 343 Seiten

Operationale Konzepte der Infrastruktur im wirtschaftlichen Entwicklungsprozeß
Von H. Amann, 1970, 203 Seiten

D. In Vorbereitung

Stand der Rechtsetzung in Ostafrika
Von G. Spreen

Entwicklungsmöglichkeiten der Schweine- und Geflügelhaltung in Ostafrika
Von H. Späth